Orders:	Editorial Address:
Box 20725	3601 Westbury Road
Birmingham, AL 35216	Birmingham, AL 35223

Répertoire des références

Répertoire des références aux arts et à la littérature

dans

A la recherche du temps perdu

de

Marcel Proust

suivi d'une analyse quantitative et narrative

par

Michèle M. Magill

SUMMA PUBLICATIONS, INC.
Birmingham, Alabama
1991

Copyright 1991
Summa Publications, Inc.
ISBN 0-917786-85-8

Library of Congress Catalog Number 91-65734

Printed in the United States of America

Marcel Proust Studies
vol. 2

Table des matières

Abréviations et Editions utilisées

Du côté de chez Swann (*CS* ou *Swann*), Gallimard, 1954[1]
Le Côté de Guermantes (*CG* ou *Guermantes*), Gallimard, 1954
A l'ombre des jeunes filles en fleur (*JF* ou *Jeunes Filles*), Gallimard, 1954
Sodome et Gomorrhe (*SG*), Gallimard, 1954
La Prisonnière (*P*), Gallimard, 1954
La Fugitive (*F*), Gallimard, 1954
Le Temps retrouvé (*TR*), Gallimard, 1954

La nouvelle édition de La Pléiade (parue chez Gallimard en 1987 et 1988), en quatre volumes, dirigée par Jean Yves Tadié, et l'édition Garnier-Flammarion (parue en 1984, 1986 et 1987) en dix volumes, dirigée par Jean Milly, ont également été utilisées, mais uniquement dans la première partie de cet ouvrage[2].

---

[1]Les références à l'édition de La Pléiade 1954 sont pour la plupart faites par tome et page, dans la deuxième et troisième parties de cet ouvrage.
[2]Une version des chapitres un et deux de la deuxième partie a déjà paru dans *Bulletin d'Informations Proustiennes,* N° 18, 1987.

Avant-propos

Je tiens à remercier le Professeur Edouard Morot-Sir de l'Université de Caroline du Nord à Chapel Hill, pour sa confiance, son amitié et son soutien pendant mes années d'études et de recherche; Monsieur Jean Milly, professeur à la Sorbonne Nouvelle, et Monsieur Bernard Brun, chercheur au C.N.R.S., pour leurs encouragements et précieux conseils; mes collègues et amis Pierre-Jean Lapaire de l'Université de Caroline du Nord à Wilmington, Yvonne Rollins de l'Université d'Etat de Caroline du Nord, Katherine Stephenson de l'Université de Caroline du Nord à Charlotte, Marie-Claude Flynn, Jeff Daniels et Edward Ledford, pour leur aide et soutien dans la réalisation de ce projet.

Je dédie ce livre à Jeff, Ian et Eloïse

—*Michèle Magill*

Introduction

CET OUVRAGE SE COMPOSE DE trois parties principales: la première est elle-même divisée en sept sections correspondant aux sept livres
de *la Recherche*, c'est-à-dire *Du côté de chez Swann, Le Côté de Guermantes, A l'ombre des jeunes filles en fleur, Sodome et Gomorrhe, La
Prisonnière, La Fugitive, Le Temps retrouvé*, et constitue un répertoire
complet des références aux arts et à la littérature dans le texte de *la
Recherche.* Il permet d'analyser de façon précise l'intervention de chaque
art dans l'ensemble du texte, ce qui peut être utile aux nombreux proustiens
s'intéressant à cet aspect de l'œuvre. Ce répertoire est basé sur le texte
établi par l'édition de La Pléiade 1954, mais tient également compte des
éditions plus récentes de La Pléiade et Garnier-Flammarion (voir p. vii).
    Cinq colonnes figurent à chaque page:
    —la première mentionne l'art dont il est question dans la référence
(les abréviations suivantes sont utilisées: Mus pour Musique; Lit pour
Littérature; Vis pour Arts visuels; Art pour l'art en général; PL pour Pléiade
et G-F pour Garnier-Flammarion).
    —la deuxième indique la page où se trouve la référence dans
l'édition de la Pléiade 1954
    —la troisième indique la page où se trouve la référence dans
l'édition de la Pléiade 1987-1988
    —la quatrième indique la page où se trouve la référence dans
l'édition Garnier-Flammarion 1984-87[1]
    —dans la cinquième on trouve: d'abord en caractères gras le
nom de l'artiste dont il s'agit dans le texte (lorsque l'auteur s'y réfère

---

[1]Nous rappelons que *JF*I se trouve dans le premier volume, *JF*II dans le deuxième volume
de la nouvelle édition de la Pléiade, et que *JF, CG,* et *SG* se composent chacun de deux
volumes dans l'édition Garnier-Flammarion. Pour des raisons à la fois esthétiques et
économiques, il ne nous a pas été possible d'indiquer le volume en haut des colonnes.
Les lecteurs devront prendre la peine de consulter le volume qui correspond à la référence.

fréquemment), la catégorie d'art en question ou la comparaison à un art et quelquefois la fonction narrative de la référence, enfin le résumé de la référence ou la référence elle-même.

L'intérêt de ce travail minutieux est de pouvoir établir objectivement la place de chaque art dans *la Recherche*. De nombreux ouvrages critiques ont traité du rôle de la musique, peinture et littérature dans l'œuvre de Proust, mais se basaient sur des impressions pouvant varier à chaque lecture. Est-il autant question de musique que de littérature dans *Du côté de chez Swann?* Proust insiste-t-il surtout sur la peinture dans *A l'ombre des jeunes filles en fleurs* et sur la littérature dans *Le Temps retrouvé?* Assomptions logiques, mais qui méritent d'être validées, ou alors démenties[2].

C'est à partir des calculs permis par ce recensement qu'a pu être entreprise une étude quantitative des références aux arts et à la littérature dans chaque livre de *la Recherche,* étude qui constitue la deuxième partie de cet ouvrage (premier chapitre), de même qu'une analyse des comparaisons artistiques (deuxième chapitre). Celles-ci paraissent omniprésentes dans le texte proustien, mais ne représentent en fait qu'une faible partie des références aux arts dans leur ensemble[3].

La troisième partie tente de définir la fonction narrative des arts et de la littérature dans la structure de *la Recherche*. Pour chaque livre, le rôle de la musique, des arts visuels et de la littérature a été étudié en fonction de l'amour, la vie sociale, le temps, le réel et l'imaginaire, et enfin la création littéraire[4].

---

[2]Ce recensement n'a pas été établi par ordinateur, car les domaines de l'art et de la littérature sont trop vagues pour qu'une machine puisse les délimiter correctement. A titre d'exemple citons les textes sur les aubépines, dans lesquels l'ordinateur ne trouverait que des mots se rapportant au jardinage et à la couleur, et ignorerait le rapport avec la création artistique.

[3]Le nombre de lignes occupées par chaque référence dans l'édition de La Pléiade 1954 a été calculé et utilisé dans la deuxième partie de cet ouvrage.

[4]La longueur particulière des schémas I et III nous a obligés à les imprimer consécutive-ment. Les lecteurs noteront donc que le schéma II suit les schémas I et III.

PARTIE I

Répertoire des références aux arts et à la littérature

PREMIERE PARTIE: COMBRAY

Art	Page PL 54	Page PL 87	Page G-F 87	SOMMAIRE
Vis	29	29	124	**Comparaison/Sculpture:** le passé de Françoise comparé aux sculptures représentant Saint Théophile ou les quatre fils Aymon
Lit				**Littérature/Société:** le respect de Françoise pour un invité aurait pu toucher le narrateur dans un livre, mais l'irrite dans la réalité
Mus	33	32-33	128-129	**Comparaison/Musique:** les bruits éloignés comparés à des motifs en sourdine
Vis	36	36	133	**Comparaison/Peinture:** le père du narrateur a un geste d'Abraham dans la gravure d'après Benozzo Gozzoli
Lit	39	39	136	**Littérature/Temps:** Marcel reçoit des livres pour sa fête (quatre romans champêtres de George Sand, au lieu de Musset, Rousseau, et *Indiana,* d'abord choisis par la grand-mère mais désapprouvés par le père)
Vis	40	40	137	**Photographie/Peinture/Architecture:** photos de monuments ou de sites peints par de grands peintres (cadeaux de la grand-mère qui y introduit « comme plusieurs épaisseurs d'art »)
Lit	41-43	41-42	138-140	**Littérature/Temps:** lecture des romans champêtres de George Sand; le langage désuet et imagé; lecture de *François le Champi* par la mère de Marcel; analyse de la sensibilité de la mère et de la prose de George Sand
Vis	48	47	146	**Comparaison/Peinture:** Combray ressemble à une petite ville dans un tableau de primitif
Lit	49	48	146	**Comparaison/Littérature:** les rues de Combray « plus irréelles encore que les projections de la lanterne magique »; les traverser « serait une entrée en contact avec l'Au-delà plus merveilleusement surnaturelle que de faire la connaissance de Golo et de causer avec Geneviève de Brabant »
Vis		48	147	**Comparaison/Sculpture:** la rue Saint-Jacques ressemble à « un défilé pratiqué par un tailleur d'images gothiques à même la pierre où il eût sculpté une crèche ou un calvaire »

Art	Page PL 54	Page PL 87	Page G-F 87	SOMMAIRE
Vis	72	71	172	**Comparaison/Sculpture:** l'auge ornée d'une salamandre, « comme un font gothique »
Vis				**Comparaison/Architecture:** l'arrière-cuisine comparée à un petit temple de Vénus
Vis	73	72	173	**Peinture/Temps:** les gravures Second Empire de l'oncle Adolphe, aimées, puis détestées, puis aimées de nouveau, suivant la mode
Lit	73-75	72-74	174-175	**Théâtre/Temps:** amour naissant de Marcel pour le théâtre; les affiches de la colonne Morris, les titres des pièces, les acteurs, les actrices (qu'il confond avec les cocottes)
Lit	77	76	178	**Comparaison/Théâtre:** Odette n'a pas l'air d'une actrice
Lit				**Comparaison/Littérature:** l'immoralité d'Odette « invisible comme le secret de quelque roman »
Art	78	77	179	**Comparaison/Art:** les cocottes comparées aux artistes
Lit	79	78	180	**Vocation artistique:** l'oncle Adolphe dit à Odette que Marcel sera peut-être un jour « un petit Victor Hugo, une espèce de Vaulabelle »
Vis	80-82	80-81	182-184	**Comparaison/Peinture:** la fille de cuisine est comparée à la Charité de Giotto. Swann admire les figures de Giotto, mais le narrateur n'en comprendra la symbolique que plus tard
Mus	83	82	185	**Comparaison/Musique:** les mouches, donnent un « petit concert, comme la musique de chambre de l'été ».
Lit				**Littérature/Temps:** lectures de romans d'aventures pendant le repos
Lit	84-88	83-87	186-190	**Littérature/Temps:** les différents états du narrateur pendant ses lectures; le réel et l'imaginaire; les paysages de livres; le Temps de la lecture
Vis	84	83	186	**Comparaison/Architecture:** la porte de l'épicerie Borange « plus mystérieuse, plus semée de pensées qu'une porte de cathédrale »

Art	Page PL 54	Page PL 87	Page G-F 87	SOMMAIRE
Lit	90-91	89-90	192-193	**Bergotte:** Bloch parle de Bergotte à Marcel
Mus	91-92	90-91	194-195	**Musique/Société:** le grand-père du narrateur chante souvent un air d'opéra quand Marcel lui présente un ami juif
Lit	93	92	196	**Théâtre:** Marcel se pose des questions « à propos de la beauté dénuée de signification de la fille de Minos et de Pasiphaé »
Lit Mus Lit	93-97 96	92-96	197-200	**Bergotte:** effet de Bergotte sur Marcel **Comparaison/Musique:** le style de Bergotte est comparé à de la musique **Vocation artistique:** prolepse du narrateur sur son futur livre
Vis Lit Lit	97	96	201	**Comparaison/Peinture:** Swann compare Bloch au portrait de Mahomet II par Bellini **Bergotte:** Swann parle de Bergotte (qu'il connaît), et de l'admiration de Bergotte pour La Berma **Théâtre:** Swann parle de La Berma
Art Lit	98-99	96-98	201-203	**Peinture/Bergotte:** la façon dont Swann parle d'art, et celle dont lui et d'autres admirateurs parlent de Bergotte. **Bergotte:** a écrit une plaquette sur Racine; Marcel apprend que Bergotte est le grand ami de Gilberte
Vis	103-106	102-105	207-211	**Architecture/Vitrail:** Tante Léonie et le curé parlent du vitrail de Gilbert le Mauvais et du clocher de Saint-Hilaire
Lit	108	107	213	**Comparaison/Théâtre:** Françoise est comparée à un personnage d'*Athalie* (citation)
Mus	112-114	110-112	217-219	**Vinteuil:** Comparaison entre les aubépines et la fille de Vinteuil
Mus	114	112	219	**Vinteuil:** sa sévérité pour les goûts actuels, sa politesse, ses scrupules, sa fille
Vis	114	113	220	**Comparaison/Peinture:** le clair de lune dans les jardins comparé à Hubert Robert

Art	Page PL 54	Page PL 87	Page G-F 87	SOMMAIRE
Lit	118	117	224-225	**Comparaison/Littérature:** comparaison de la « singularité despotique » de la vie de Tante Léonie avec « ce que Saint-Simon appelait 'la mécanique' de la vie à Versailles »
Lit	120	118-119	226-227	**Littérature/Société:** Legrandin cite un vers de Paul Desjardins
Lit Vis	121	119	228	**Comparaison/Théâtre:** les asperges jouent des « farces poétiques et grossières comme une féerie de Shakespeare » **Comparaison/Peinture:** la fille de cuisine et la Charité de Giotto
Lit	122	120-121	229	**Théâtre/Société:** les vertus de Françoise et les tragédies d'arrière-cuisine
Lit	126	124	233	**Littérature/Société:** Legrandin mentionne le sédum, qui fait partie de la flore balzacienne
Lit Mus	127	125	234	**Littérature/Temps:** Legrandin mentionne un romancier que Marcel lira plus tard **Musique/Société:** Legrandin parle de la seule musique qui lui reste, « celle qui joue le clair de lune sur la flûte du silence »
Art	128	126	235	**Littérature/Société:** Legrandin énumère le peu de choses qu'il aime encore: quelques églises, livres, tableaux, et le clair de lune
Lit	130-131	129	238	**Littérature/Société:** Legrandin conseille à Marcel de lire Anatole France
Art	136	134	245	**Jardin:** « dans ses créations les plus factices, c'est sur la nature que l'homme travaille » (l'étang artificiel)
Vis Mus Vis	138	136-137	246-247	**Comparaison/Vitrail:** les aubépines comparées à un vitrail **Comparaison/Musique:** leur odeur comparée à des intervalles musicaux **Comparaison/Tapisserie:** les coquelicots et les bluets comparés au motif d'une tapisserie

Art	Page PL 54	Page PL 87	Page G-F 87	SOMMAIRE
Lit	163	161	275	**Comparaison/Littérature:** la scène de Montjouvain comparée à un mélodrame
Vis	165	163	277-278	**Comparaison/Architecture:** rêverie comparée aux architectes élèves de Viollet-le-Duc
Vis	166	164	278	**Comparaison/Peinture:** les images du Combray de l'enfance comparées à des gravures anciennes de la Cène ou à un tableau de Bellini
Vis	167-168	165-166	280	**Comparaison/Littérature/Peinture:** le nom de Princes de contes de fées des boutons d'or, comme certaines toiles peintes, garde un « poétique éclat d'Orient »
Lit	169	167	281	**Comparaison/Littérature:** Marcel et ses parents comparés à Dante et Virgile
Vis	169-170	167-168	282	**Jardin:** horticulture aquatique, les fleurs de nymphéas
Lit	171	169	284	**Comparaison/Littérature:** les sources de la Vivonne ont pour Marcel une existence aussi abstraite que l'entrée des enfers
Vis				**Tapisseries/Vitrail/Littérature:** Marcel imagine les Guermantes sur des tapisseries, des vitraux, ou dans une légende
Vis Lit	172	170	285	**Vitrail:** Marcel voit Gilbert le Mauvais dans le vitrail **Littérature/Temps:** Marcel désire connaître ce qui est décrit dans les livres
Lit Lit Lit	172-174	170-171	285-287	**Vocation artistique:** rêveries et désir d'être écrivain **Vocation artistique:** absence de génie mais le père de Marcel interviendra **Vocation artistique:** découragement et renoncement
Vis	174-175	172	288	**Tapisseries/Vitrail:** Marcel déçu en voyant Mme de Guermantes car il se la représentait avec les couleurs d'une tapisserie ou d'un vitrail
Lit		173		**Comparaison/Théâtre:** Mme de Guermantes comparée à une actrice

Répertoire des Références

Art	Page PL 54	Page PL 87	Page G-F 87	SOMMAIRE
Mus	197	194	313	**Comparaison/Musique:** amour comparé à une chanson connue
Vis				**Couture:** description de la vilaine mode de l'époque
Vis	198	195	314	**Peinture/Amour:** Swann refuse de prendre un thé chez Odette en prétextant des « travaux » (en fait abandonnés depuis longtemps) sur Ver Meer de Delft
Lit				**Comparaison/Littérature:** Odette se compare à la grenouille devant l'aéropage
Vis				**Peinture/Société:** Odette n'avait jamais entendu parler de Ver Meer
Vis Mus	199	197	316	**Elstir:** le pianiste, sa tante et le peintre sont présents au premier dîner Verdurin auquel Swann est invité
Vis	202	199	319	**Elstir:** le peintre des Verdurin adore favoriser les mariages
Vis	203	200	320	**Elstir:** le peintre (M. Biche) invite Swann et Odette à voir son atelier
Vis				**Elstir:** Mme Verdurin veut le « portrait » du sourire de Cottard
Lit Mus	204	201	321	**Littérature/Musique/Société:** M. Verdurin dit que la tante du pianiste écrit bien, et que le pianiste est admirable
Mus	206	203	323	**Musique/Société:** les troubles de Mme Verdurin dus à la musique; mention de la *Neuvième,* et des *Maîtres*
Vis Lit	207	204	325	**Décoration:** Mme Verdurin parle de son Beauvais **Littérature/Société:** Mme Verdurin cite de travers une fable de La Fontaine, à propos de son Beauvais
Mus Mus Mus Mus Vis	208-212	205-209	326-330	**Vinteuil:** Swann écoute la petite phrase **Vinteuil:** Mme Verdurin parle de la sonate **Vinteuil:** Swann demande des renseignements sur Vinteuil **Vinteuil:** personne ne peut répondre à Swann **Elstir/Vinteuil:** le peintre des Verdurin parle de la sonate

Art	Page PL 54	Page PL 87	Page G-F 87	SOMMAIRE
Vis	240	236	361-362	**Peinture/Amour:** Swann s'est remis à l'étude de Ver Meer de Delft
Vis				**Comparaison/Peinture:** vie d'Odette comparée aux études de Watteau
Vis			237	**Comparaison/Peinture:** chapeau d'Odette « à la Rembrandt »
Art	240-241	237-238	362-363	**Art/Amour:** Swann ne cherche pas à corriger les goûts d'Odette
Art				**Art/Société:** souvent un savant ou un artiste est plus respecté pour sa bonté qu'admiré pour ses idées
Lit	242	239	365	**Comparaison/Littérature:** Swann le mondain comparé à un lettré qui reconnaît la qualité littéraire
Vis	244-245	240-241	366-367	**Décoration:** Odette ne connaît rien aux styles d'ameublement
Mus	245	242	368	**Musique/Société:** Odette va voir la *Reine Topaze*
Vis	246	242	368	**Comparaison/Peinture:** le visage d'Odette comparé à un portrait
Art			368-369	**Art/Amour:** pour Swann, les arts sont indépendants de la sensualité (il emmène une bonne au théâtre, aux expositions)
Art	246-247	242-243	369	**Art/Amour:** mais c'est le contraire avec Odette; il veut adopter ses goûts
Mus Vis Vis	248	244	370	**Art/Amour:** Swann trouve Mme Verdurin sincère dans son amour pour la musique et la peinture **Elstir:** Swann trouve le peintre des Verdurin très intelligent
Art	249	245	372	**Art/Amour:** Swann trouve que Mme Verdurin a une « profonde intelligence des arts »

Art	Page PL 54	Page PL 87	Page G-F 87	SOMMAIRE
Vis	267	263	393	**Comparaison/Peinture:** Swann se représentait une femme entretenue comme une apparition de Gustave Moreau
Mus	270	266	396	**Vinteuil:** Swann accueilli par la petite phrase
Vis	276	272	402	**Comparaison/Peinture:** souvenirs voluptueux comparés à des esquisses ou des « projets » d'un décorateur
Vis	280	275	406	**Art/Amour:** avant d'être amoureux, Swann trouvait du plaisir dans les collections et la bonne cuisine
Vis		276	407	**Peinture/Amour:** plus Odette ment et plus elle ressemble aux Botticelli
Mus	284	279	411	**Peinture/Musique/Amour:** le peintre parle de la sonate *Clair de Lune* (Swann n'est pas invité à cette partie)
Art	286	281	413	**Peinture/Amour:** Swann ne trouve plus que le salon Verdurin soit vrai pour l'art
Lit				**Comparaison/Théâtre:** Swann compare les Verdurin aux personnages de Labiche
Vis				**Elstir:** Swann craint le peintre qui aime arranger des mariages
Mus	287	282	414	**Musique/Amour:** Swann se moque des nerfs de Mme Verdurin écoutant de la musique, et l'accuse, ainsi que la musique, d'être une « entremetteuse »
Art		283	415	**Art/Amour:** Swann veut la sévérité contre les arts
Lit				**Comparaison/Littérature:** Swann compare le salon Verdurin au dernier cercle de l'Enfer de Dante
Mus	289	284	417	**Musique/Société:** Odette a peur de rater *Une Nuit de Cléopâtre*
Mus		285		**Musique/Société:** « musique stercoraire » pour Swann
Mus				**Musique/Amour:** chagrin de Swann de voir que, malgré son influence, Odette n'élimine toujours pas Victor Massé

Art	Page PL 54	Page PL 87	Page G-F 87	SOMMAIRE
Vis Lit	309	304	439	**Comparaison/Peinture/Littérature:** plaisir désintéressé comparé à celui d'un roman ou d'un tableau ou à la lecture de Saint-Simon
Vis	311	306	442	**Peinture/Amour:** quand Swann veut amener Odette à un vernissage, elle dit qu'il la traite comme une fille
Lit	312	307	442	**Théâtre/Amour:** Odette ne peut même pas admettre qu'elle rencontre Swann au théâtre
Lit Vis	313	308	444	**Comparaison/Littérature:** nostalgie de Swann comparée à celle d'un poète **Comparaison/Peinture:** Swann comparé à un esthéticien interrogeant des documents pour comprendre les femmes peintes par Botticelli
Art	317	311	447	**Art/Amour:** l'art procure quelque joie à Swann
Mus	320	314	451	**Comparaison/Musique:** tête de Swann comparée à un morceau symphonique, dont on connaît les intentions parce qu'on a lu le programme
Art	322	316	453	**Musique/Société:** Mme de Sainte-Euverte reçoit des artistes qui lui servent ensuite pour des concerts de charité
Lit Vis	323	317 318	454 455	**Comparaison/Littérature:** Swann voit « les héritiers des 'tigres' de Balzac » **Comparaison/Peinture:** l'un d'eux ressemble à « l'exécuteur dans certains tableaux de la Renaissance »
Vis	324-326	318-320	455-458	**Comparaison/Peinture:** description picturale des valets de pied sur l'escalier
Vis	326	321	458	**Comparaison/Peinture:** Swann compare deux de ses amis aux personnages d'un tableau
Lit Vis	327	321 322	459 460	**Littérature/Société:** description ironique d'un romancier mondain à monocle **Comparaison/Peinture:** le monocle de M. de Palancy rappelle à Swann les *Vices* et les *Vertus* de Giotto

Art	Page PL 54	Page PL 87	Page G-F 87	SOMMAIRE
Mus	345-353	339-347	479-488	**Vinteuil:** Swann entend la petite phrase et comprend sa souffrance; afflux de souvenirs; passage théorique sur le violon et le langage; *la Princesse de Clèves, René, Tristan;* le dialogue piano-violon; Swann comprend qu'Odette ne l'aimera plus
Vis	353	347	489	**Peinture/Amour:** Swann a repris l'étude de Ver Meer
Vis	355	349	490	**Comparaison/Peinture:** Swann se sent proche du Mahomet II de Bellini
Art	358	352	494	**Art/Amour:** Swann se met à soupçonner Bergotte, Elstir, les Verdurin (lettre anonyme)
Lit	360	354	496	**Théâtre/Amour:** Swann doit voir *Les Filles de Marbre* dont le titre réveille ses soupçons à propos d'Odette et Mme Verdurin
Lit	361	355	497	**Comparaison/Littérature:** inspiration du jaloux comparée à celle du poète
Lit	367	361	504	**Littérature/Amour:** Swann voit la vérité dans les lignes d'Alfred de Vigny
Vis Lit	372	365	509	**Comparaison/Peinture:** les mensonges comparés aux « bêtes immondes de la Désolation de Ninive »
Vis	374-375	368-369	512-513	**Elstir:** Mme Cottard parle à Swann de Marchard, Leloir et Biche
Vis	376	369-370	514	**Peinture/Amour:** Odette aurait parlé à Mme Cottard des connaissances de Swann en peinture
Lit	379	373	518	**Comparaison/Littérature:** Swann, comme certains romanciers, s'est dédoublé dans un rêve
Lit	381	374	519	**Théâtre/Amour:** Swann s'est souvent reporté à l'image d'Odette jadis rencontrée au théâtre

No

A l'ombre des jeunes filles en fleur

PREMIERE PARTIE: AUTOUR DE MME SWANN

Art	Page PL 54	Page PL 87	Page G-F 87	SOMMAIRE
Art	432	424	87	**Comparaison/Art:** Swann comparé aux grands artistes modestes ou généreux
Lit Mus	433	425	88	**Littérature/Musique/Société:** Cottard, médecin réputé, ne peut parler ni de Nietzsche ni de Wagner
Art	435	427	90	**Littérature/Art/Société:** une réputation littéraire ou artistique peut aider une certaine aristocratie
Lit	436	427-428	90-91	**Littérature/Temps:** littérature et politique à l'Académie
Lit	437	429	92	**Comparaison/Théâtre:** le narrateur aurait dû « garder » les formes surannées du langage de Norpois comme un acteur garde ses chapeaux
Lit	438	430	94	**Théâtre/Temps:** premier dîner de Norpois chez les parents de Marcel, le jour où Marcel va enfin entendre La Berma
Lit	439-440	431-432	95-96	**Vocation artistique:** Norpois n'est pas contre une carrière d'écrivain pour Marcel; Marcel pense qu'il n'a pas de talent; aller voir La Berma le console de son chagrin
Vis Lit	440-441	432	96	**Comparaison/Peinture/Théâtre:** voir La Berma dans un rôle classique serait pour Marcel comme de voir le Titien des Frari ou des Carpaccio de San Giorgo dei Schiavoni (citation de vers de *Phèdre*)
Lit Vis	441	433	96-97	**Comparaison/Peinture/Théâtre:** Carpaccio à Venise et La Berma dans *Phèdre*
Lit	441-442	433-434	97-98	**Théâtre:** l'art de la Berma

Art	Page PL 54	Page PL 87	Page G-F 87	SOMMAIRE
Art	485	476	147	**Comparaison/Couture/Musique:** Françoise comparée à une grande élégante, ou une grande cantatrice
Vis	486	478	149	**Théâtre/Photographie:** Marcel achète une photo de La Berma
Lit	487	478	150	**Théâtre/Amour:** Marcel se dit qu'elle doit ressentir pour les jeunes hommes les mêmes désirs que Phèdre
Lit	488	479	151-152	**Théâtre/Amour:** Marcel pense à La Berma, et aux hommes qui la caressent
Vis Mus	489	480	152	**Comparaison/Décor:** Paris ressemble au décor de l'opérette d'*Orphée aux Enfers*
Mus	490	482	154	**Comparaison/Musique:** le rire de Gilberte semble, « comme fait la musique, décrire dans un autre plan une surface invisible »
Lit	492	483	156	**Comparaison/Littérature:** Françoise comparée à Saint-Simon dans sa vision des classes sociales
Lit Mus	494	485	158	**Bergotte:** Bergotte est un « joueur de flûte » d'après Norpois
Art	497-498	488-489	162	**Art/Société:** on peut être doué en médecine et avoir mauvais goût en art
Vis	500	491	165	**Comparaison/Sculpture:** hésitation du narrateur comparée à celle donnée par les sculpteurs aux morts du Jugement Dernier
Vis	500			**Comparaison/Peinture:** pour Marcel, le bonheur par Gilberte, c'est, « comme le disait Léonard de la peinture, *cosa mentale* »
Vis	503	494	169	**Comparaison/Photographie/Peinture:** une photo des nattes de Gilberte serait plus précieuse pour Marcel que des dessins de Vinci
Vis	505	496	171	**Décoration:** le style Henri II a longtemps été l'idéal d'Odette

Art	Page PL 54	Page PL 87	Page G-F 87	SOMMAIRE
Lit	506	497	171-172	**Comparaison/Littérature:** Marcel écarte « comme un dévot *La Vie de Jésus* de Renan », la pensée que l'appartement de Swann est un appartement quelconque
Vis			172	**Comparaison/Architecture:** la salle à manger de Gilberte comparée à un « Temple asiatique »; le gâteau est comparé au palais de Darius
Vis	508	498	174	**Peinture/Société:** on parle du tableau de Gérôme dans le salon d'Odette
Art	509	500	176	**Art/Société:** Swann montre des objets d'art et des livres à Marcel
Lit	510	500	176	**Comparaison/Littérature:** une expression populaire d'origine inconnue comparée à une épopée dont on ne connaît pas l'auteur
Vis		501		**Sculpture/Peinture:** objets d'art sculptés et peints par de grands artistes, amis de Swann
Art	517	508	185	**Art/Temps:** « les philosophes du journalisme flétrissent la période précédente »
Lit	518	509	186	**Littérature/Société:** « Le cousin Bête », surnom de Swann
Art	520-521	511	189	**Littérature/Société:** Swann guidé dans ses relations par son goût mi-artistique, mi-historique
Mus	527	518	196	**Comparaison/Musique:** Marcel compare le salon d'attente des Swann au laboratoire de Klingsor
Vis	528	518	197	**Comparaison/Peinture:** *La Joconde* chez Swann ne ferait pas plus plaisir à Marcel « qu'une robe de chambre de Mme Swann, ou ses flacons de sels »
Lit				**Comparaison/Théâtre:** les valets de pied comparés à des figurants de théâtre
Mus	529-534	520-524	199-204	**Vinteuil:** Odette joue la petite phrase de la Sonate de Vinteuil à Marcel pour la première fois

Art	Page PL 54	Page PL 87	Page G-F 87	SOMMAIRE
Vis	564	554	239	**Comparaison/Sculpture/Peinture:** le visage de Gilberte paraît sculpté ou peint
Lit	565	555	241	**Comparaison/Littérature:** Gilberte comparée à Mélusine
Lit	566	556	242	**Comparaison/Théâtre:** Marcel « victime d'une ressemblance comme celle qui fait le fond des *Ménechmes*
Lit	567	557	243	**Théâtre:** Swann parle de la Berma à Marcel
Lit	567-569	557-559	244-246	**Bergotte:** Marcel et Bergotte **Bergotte:** Bergotte parle à Marcel des « plaisirs de l'intelligence »
Art Lit	570	560	247	**Bergotte:** Bergotte pense que Cottard n'est pas un bon médecin pour les artistes **Bergotte:** Bergotte parle de médecine et de littérature
Lit	571-572	561-562	248-249	**Bergotte:** Bergotte dit du mal de Swann
Vis	573	562-563	250	**Comparaison/Peinture:** ressemblance de Swann avec un portrait de Luini
Lit	574	564	251-252	**Bergotte:** les parents de Marcel parlent de Bergotte
Art	576	566	253-254	**Comparaison/Art:** comparaison de Bloch emmenant Marcel dans une maison de passe aux bienfaits des éditions d'histoire de la peinture, des concerts symphoniques, des études sur les « Villes d'art »
Mus	577	567	255	**Musique/Société:** Marcel dit « Rachel quand du Seigneur »
Lit	578	568	256	**Comparaison/Littérature:** Meubles donnés à une maison de passe comparés aux objets d'un conte persan
Lit	579-581	569-571	257-259	**Bergotte/Vocation artistique:** au lieu de travailler Marcel va chez Swann pour voir Bergotte

DEUXIEME PARTIE: NOMS DE PAYS: LE PAYS

Art	Page PL 54	Page PL 88	Page G-F 87	SOMMAIRE
Lit	646	7	12	**Littérature/Société:** la grand-mère veut refaire le voyage de Mme de Sévigné
Art	647	8	13	**Art/Société:** Marcel imagine un voyageur artiste
Lit	649	9	14	**Comparaison/Littérature:** Marcel n'est pas le voyageur ravi dont parle Ruskin
Lit			15	**Comparaison/Littérature:** la grand-mère de Marcel voit sa fille comme Mme de Sévigné
Art		10		**Art/Société:** art populaire naturel
Vis				**Peinture/Société:** l'art de Françoise de mettre un ruban sur son chapeau aurait ravi dans un portrait de Chardin ou Whistler
Vis				**Comparaison/Peinture:** Françoise ressemble à une image d'Anne de Bretagne peinte dans des livres d'Heures
Lit	650	11	16	**Littérature/Société:** la mère de Marcel cite Mme de Sévigné
Lit	652	13	18	**Littérature/Société:** Mme de Sévigné et Mme de Beausergent (écrivain imaginaire) sont les auteurs préférés de la grand-mère de Marcel
Lit	653	14	19	**Littérature/Société:** admiration de Marcel pour Mme de Sévigné
Vis			20	**Elstir:** Mme de Sévigné est de la même famille qu'Elstir
Lit	653-654	14	20	**Comparaison/Littérature:** « le côté Dostoïevski des *Lettres de Madame de Sévigné* »
Mus	654	15	21	**Musique/Temps:** le son des cloches découpé en croches et en noires
Vis	654-655	15-16	21-22	**Comparaison/Peinture:** le lever du soleil, vu du train, décrit comme un tableau
Lit	656	17	23	**Littérature/Société:** l'intérêt d'un beau livre

Art	Page PL 54	Page PL 88	Page G-F 87	SOMMAIRE
Vis	658	19	25	**Comparaison/Architecture:** nom de ville comparé à une grande cathédrale
Lit Vis			26	**Vitrail:** légende et vitrail de l'église de Balbec
Vis	658-659	19-20	26-27	**Architecture:** l'église de Balbec
Vis	659-660	20-21	27-28	**Sculpture:** la Vierge du Porche de l'église de Balbec
Mus	661	22	29	**Comparaison/Musique:** musique et noms de villes
Lit	663-664	24	31	**Comparaison/Littérature:** les « chefs de réception » ont le regard de Minos, Eaque et Rhadamante
Lit	664	24	32	**Comparaison/Littérature:** le salon de lecture comparé au Paradis et à l'Enfer de Dante
Mus	665	25-26	33	**Comparaison/Musique:** le « lift » comparé à un organiste
Lit	669	30	38	**Comparaison/Théâtre:** le lever du jour comparé à un lever de rideau
Mus	670	30	39	**Comparaison/Musique:** le matin s'ouvre comme une symphonie
Lit		31	42	**Bergotte:** Marcel pense à la mort, et fait allusion à la survie promise dans les livres de Bergotte
Vis	673	33	42	**Comparaison/Peinture:** la mer est comme dans des tableaux primitifs (métaphores montagneuses)
Lit	674	34	43	**Littérature/Société:** Marcel se persuade qu'il est « assis sur le môle » ou au fond du « boudoir » dont parle Baudelaire
Lit	680	40	50	**Théâtre/Société:** une actrice, son amant et deux aristocrates à Balbec

Art	Page PL 54	Page PL 88	Page G-F 87	SOMMAIRE
Vis	681	41	51	**Comparaison/Peinture:** pour eux, la mer n'est qu'un tableau
Lit		42		**Littérature/Société:** dans la foule qui regarde la salle à manger, il y a peut-être un écrivain
Mus	684	44	54	**Comparaison/Musique:** hérédité comparée à des thèmes musicaux
Vis	685	45	54	**Comparaison/Peinture:** ressemblance entre les gens, et dans les tableaux
Vis			56	**Comparaison/Peinture:** le maître baigneur ressemble à Mme Swann qui ressemble à la fille de Jethro dans la *Vie de Moïse*
Lit	687	47	58	**Comparaison/Théâtre:** l'ironie du bâtonnier comparée à une réplique d'Assuérus
Lit Mus	691	51	63	**Comparaison/Théâtre/Musique:** le directeur de l'hôtel de Balbec comparé à un metteur en scène ou à un chef d'orchestre
Lit	694	54	65	**Comparaison/Théâtre:** la grand-mère de Marcel et Mme de Villeparisis comparées à des acteurs de Molière
Lit			66	**Littérature/Société:** la grand-mère de Marcel cite Mme de Sévigné
Lit				**Littérature/Société:** le narrateur cherche à voir dans la mer les effets décrits par Baudelaire
Vis	695	55	66	**Comparaison/Architecture:** poisson comparé à une cathédrale
Lit	696	56	68	**Littérature/Société:** amabilité de Mme de Villeparisis (elle offre un livre ou des fruits)
Lit	697	57	69	**Littérature/Société:** la grand-mère de Marcel et Mme de Villeparisis parlent de Mme de Sévigné
Lit			70	**Comparaison/Littérature:** Françoise citant Mme de Villeparisis est comparée à Platon citant Socrate ou saint Jean citant Jésus

Art	Page PL 54	Page PL 88	Page G-F 87	SOMMAIRE
Lit Vis	757	116	136	**Comparaison/Peinture:** Charlus comparé à des peintres et des écrivains « qui renoncent leur virtuosité »
Vis			137	**Décoration/Temps:** le mobilier de Charlus n'est pas « modern style », contrairement à celui de son neveu
Art				**Art/Société:** idéal mondain et artistique de Charlus
Art				**Art/Société:** Charlus admire certaines femmes peut-être à cause de leurs noms évocateurs d'histoire et d'art
Lit				**Comparaison/Littérature:** les réminiscences d'histoire et d'art entrent pour une grande part dans l'admiration de Charlus, « comme des souvenirs de l'antiquité sont une des raisons qu'un lettré trouve à lire une ode d'Horace »
Vis	758	117	137-138	**Comparaison/Peinture:** pour Charlus les femmes au nom ancien sont comme des tableaux anciens
Lit				**Littérature/Société:** la grand-mère trouve les princes enviables « parce qu'ils purent avoir un La Bruyère, un Fénelon comme précepteurs »
Lit	761	120	141	**Comparaison/Théâtre:** le visage poudré de Charlus lui donne l'aspect d'un visage de théâtre
Lit	762	121	142-143	**Littérature/Société:** Charlus parle de Mme de Sévigné
Lit	763	122	143-144	**Littérature/Société:** conversation entre Charlus, Saint-Loup, Mme de Villeparisis, et la grand-mère de Marcel sur Racine, Mme de Sévigné, Victor Hugo, La Bruyère
Mus	764	122	144	**Comparaison/Musique:** la voix de Charlus comparée au « duo alterné d'un jeune homme et d'une femme »
Vis		123		**Jardin:** Charlus parle d'une demeure dont le parc est de Lenôtre
Vis			145	**Photographie:** Charlus parle de photographie
Vis	765	123-124	145-146	**Comparaison/Peinture:** on a détruit le parc de Lenôtre: comparaisons artistiques de Charlus
Lit				**Bergotte:** Charlus veut prêter un livre de Bergotte à Marcel

Art	Page PL 54	Page PL 88	Page G-F 87	SOMMAIRE
Vis	908-909	261-262	304-305	**Comparaison/Peinture:** dans la voix des filles Marcel découvre un tableau
Mus				**Comparaison/Musique:** les voix comparées à un instrument
Vis				**Comparaison/Musique/Peinture:** les lignes de la
Mus				voix et du visage sont comme des instruments ou des tableaux
Lit	909	262	305	**Comparaison/Littérature/Musique:** paroles com-
Mus				parées aux « strophes des temps antiques »
Vis		263	306	**Peinture/Société:** Andrée parlant de tableaux
Lit				**Théâtre/Société:** Andrée pourra bientôt aller au Palais-Royal
Mus	910	263	306	**Comparaison/Musique:** voix d'Andrée comparée à un instrument
Vis			307	**Art/Société:** l'utilisation des matériaux locaux reflète la
Mus				personnalité de l'artiste qu'il s'agisse d'architecture, d'ébénisterie, ou de musique
Lit	911	264-265	308	**Littérature/Société:** les sujets d'examens
Lit	912	265-266	308-309	**Littérature/Société:** le sujet d'examen traité par Gisèle
Lit	913-914	266-267	310-311	**Littérature/Société:** le sujet d'examen traité par Andrée
Lit	915	268	312	**Littérature/Société:** Albertine et Andrée pensent qu'il faut citer des noms de critiques littéraires à la mode
Vis	916	269	313	**Comparaison/Peinture:** la mémoire comparée à un peintre
Mus	918	271	316	**Comparaison/Musique/Peinture:** Marcel comparé à
Vis				un accordeur ou un maître de chant, et à un dessinateur
Vis	919	272	316	**Elstir:** Elstir fait plusieurs études des mains d'Andrée

Répertoire des Références

I

Art	Page PL 54	Page PL 88	Page G-F 87	SOMMAIRE
Lit	23	323	83	**Comparaison/Littérature:** Françoise comparée à Pascal
Lit				**Comparaison/Littérature:** Françoise dit « faire réponse » comme Mme de Sévigné
Lit	26	326	87	**Comparaison/Littérature:** Françoise emploie le verbe « plaindre » dans le même sens que La Bruyère
Vis	28	328	89	**Elstir:** Elstir a comparé la baie de Balbec au « golfe d'opale » de Whistler
Vis	31	331	92	**Comparaison/Sculpture:** les convives comparés aux statues d'or des apôtres de la Sainte-Chapelle
Lit	33	˙333	95	**Vocation artistique:** Mme de Villeparisis invite Marcel pour qu'il rencontre des écrivains chez elle
Lit	36	336	98	**Théâtre/Temps:** Marcel indifférent à l'idée de revoir la Berma
Vis				**Théâtre/Peinture/Temps:** Marcel préfère maintenant la peinture au théâtre
Lit	36-58	336-358	98-123	**Théâtre:** Marcel au théâtre (société, temps, l'art de la Berma)
Vis	42	342	105	**Comparaison/Peinture:** la princesse de Guermantes est comparée à la signature d'un peintre; sa baignoire présente un tableau
Mus				**Comparaison/Musique:** imagination comparée à un orgue de Barbarie
Art				**Art/Société:** chaque fois que Marcel a entendu parler de la princesse de Guermantes-Bavière, il a eu le souvenir d'œuvres du XVIe siècle
Vis	45	345	108-109	**Comparaison/Peinture/Théâtre:** le jour où Marcel va voir les tableaux d'Elstir comparé à celui où il part pour Venise ou Balbec, ou celui où il va voir la Berma (déception anticipée)
Mus	47	347	111	**Comparaison/Théâtre/Musique:** le talent de la Berma comparée à celui d'un grand musicien

Art	Page PL 54	Page PL 88	Page G-F 87	SOMMAIRE
Vis	166	464	245	**Comparaison/Peinture:** la figure d'Aimé comparée à un dessin, à une gravure, toujours à la même place
Lit	166-167	464	246	**Littérature/Société:** Rachel, pour tenter de ne plus regarder Aimé, engage une conversation littéraire avec Marcel
Vis Mus		465	247	**Peinture/Musique/Société:** Rachel utilise le jargon « des cénacles et des ateliers » pour parler de peinture et de musique
Lit Vis				**Théâtre/Société:** Rachel parle théâtre (malveillance) **Peinture:** geste pour parler de peinture
Mus	170	468	250	**Comparaison/Musique:** la colère de Saint-Loup comparée à une phrase musicale
Lit	172-176	470-473	253-257	**Théâtre/Société:** Marcel assiste à une représentation où Rachel torture une artiste débutante; sur scène Rachel est différente
Vis	177	474	258	**Théâtre/Décor:** les décors de théâtre, sans éclairages, sont misérables
Vis		475		**Comparaison/Peinture:** jeune danseur comparé à un Watteau
Mus	180	478	262	**Comparaison/Musique:** la gifle de Saint-Loup comparée au mouvement d'un chef d'orchestre
Lit	184	482	267	**Littérature/Société:** vertus à peindre dans des Mémoires
Lit Lit	185-186	482-484	267-269	**Littérature/Société:** Mme de Villeparisis: déchéance mondaine à cause de son intelligence d'écrivain **Littérature/Société:** le talent de Mme de Villeparisis
Vis	189	486	272	**Décoration:** les canapés en tapisserie de Beauvais de Mme de Villeparisis
Vis Lit		487	273	**Peinture:** Mme de Villeparisis peint des fleurs **Théâtre/Temps:** Bloch est maintenant auteur dramatique

Art	Page PL 54	Page PL 88	Page G-F 87	SOMMAIRE
Vis	190	488	273	**Comparaison/Peinture:** Bloch comparé à un juif de Decamps
Vis			274	**Comparaison/Peinture:** la redingote de Bloch comparée à celle des « scribes assyriens peints en costume de cérémonie »
Vis	191	488	274	**Peinture:** les peintures antiques ont fait connaître le visage des anciens grecs
Dan				**Comparaison/Danse:** une dame grecque a l'air d'une figurante dans un ballet
Vis		489		**Peinture:** l'âme des grecs anciens a été entrevue dans les musées
Vis			275	**Peinture:** dans la dame grecque, on veut étreindre « la figure jadis admirée aux flancs d'un vase »
Lit	192	490	276	**Littérature/Société:** Mme de Villeparisis parle de M. Molé et M. de Vigny
Lit	193	490	276	**Littérature/Société:** M. Pierre veut citer Aristote
Lit		491	277	**Comparaison/Littérature:** M. Pierre comparé à un homme de Wells
Lit	194	492	278	**Littérature/Temps:** « la postérité n'a pas changé depuis les temps d'Homère et de Pindare »
Lit	195	493	279	**Littérature/Société:** « le dédain des Mme Leroi sert singulièrement les dispositions littéraires des Mme de Villeparisis »
Lit	197	495	281	**Littérature/Société:** il arrive qu'une femme légère ait écrit un ouvrage sur Lamartine
Lit	198	495	282	**Littérature/Société:** Mme Ristori a dit des vers dans un salon
Lit				**Littérature/Société:** de faux hommes de lettres célèbrent une femme du monde vieillissante dans des bouts rimés
Vis	199	496	283	**Peinture/Société:** portrait de la duchesse de Montmorency chez Mme de Villeparisis
Mus				**Musique/Peinture:** Liszt pensait que le tableau était une copie

Art	Page PL 54	Page PL 88	Page G-F 87	SOMMAIRE
Vis Lit	200	498	285	**Peinture/Littérature:** portrait de Mme de La Rochefoucauld, « femme de l'auteur des *Maximes* »
Lit	201	499	286	**Comparaison/Littérature:** Legrandin parle à Mme de Villeparisis qu'il compare à l'écrivain Joubert
Lit	202	499	287	**Littérature/Société:** Mme de Villeparisis critique Mme Ristori pour se venger d'Alix
Vis		500		**Peinture:** Mme de Villeparisis montre un autre portrait à Legrandin
Lit	203	500	288	**Littérature/Société:** la duchesse de Guermantes dit que « plumitif » veut dire écrivain
Vis		501		**Peinture/Société:** Mme de Villeparisis se remet à peindre, entourée de tous
Vis	205	502	290	**Comparaison/Peinture:** les yeux de la duchesse de Guermantes comparés à un tableau
Lit	206	503	291	**Littérature/Société:** l'écrivain G. vient chez Mme de Villeparisis faire une visite qu'il considère comme une corvée
Lit	207-209	504-506	293-295	**Littérature/Société:** la duchesse de Guermantes ne parle pas aux écrivains de leur art
Vis	209	506	295	**Comparaison/Tapisserie/Vitrail:** la causerie de la duchesse de Guermantes étrange comme une tapisserie médiévale, comme un vitrail gothique
Lit				**Comparaison/Littérature:** affectation des gens du monde comparée à celle des poètes classiques
Lit	211-212	508-509	297-298	**Bergotte:** la duchesse de Guermantes parle de Bergotte qu'elle veut connaître
Lit	213	510	299	**Littérature/Société:** M. Pierre parle d'Aristote
Lit			300	**Littérature/Société:** la duchesse de Guermantes connaît Pierre Loti et Edmond Rostand
Vis	214	511	300	**Comparaison/Peinture:** Legrandin dit à Mme de Villeparisis qu'elle est supérieure à Pisanello et Van Huysum

Art	Page PL 54	Page PL 88	Page G-F 87	SOMMAIRE
Lit	219	516	306	**Comparaison/Littérature:** Bloch se compare à Anténor
Lit	222	519	310	**Vocation artistique:** Norpois dit que ce que Marcel lui avait montré ne valait pas la peine d'être écrit et lui demande s'il prépare quelque chose
Lit				**Comparaison/Littérature/Peinture:** Norpois parle de Bergotte comme d'un peintre
Vis	223	520	310	**Elstir:** Norpois et Marcel parlent d'Elstir
Lit			311	**Théâtre/Société/Temps:** la duchesse de Guermantes parle de Rachel
Mus	224	521	312	**Comparaison/Musique:** le duc de Guermantes comparé au roi d'Yvetot
Lit	225-226	522-523	313-314	**Littérature/Société:** citations latines d'Ovide et de Virgile par Norpois
Lit	227	524	315	**Théâtre/Société:** le duc et la duchesse de Guermantes parlent de Rachel
Lit			316	**Littérature/Société/Temps:** la duchesse de Guermantes se moque encore de la littérature nouvelle, qui s'est pourtant « un peu infiltrée en elle »
Mus				**Comparaison/Musique:** la duchesse de Guermantes est comparée à une wagnérienne
Lit	229	526	317	**Théâtre/Société:** la duchesse de Guermantes se moque de Rachel
Lit			318	**Théâtre/Société:** la duchesse de Guermantes et M. d'Argencourt parlent des *Sept Princesses*
Lit				**Théâtre/Société:** Marcel est satisfait de « constater sa complète incompréhension de Maeterlinck »
Lit	233	530	322	**Littérature/Société:** Norpois félicite Bloch pour ses travaux littéraires
Mus	234	531	323	**Comparaison/Musique:** les officiers de l'Affaire Dreyfus comparés à Lohengrin
Lit				**Littérature/Société:** Bloch est allé au procès Zola
Lit	236	533	325	**Littérature/Société:** littérature et classes sociales

Art	Page PL 54	Page PL 88	Page G-F 87	SOMMAIRE
Lit	238	535	328	**Littérature/Société:** le duc de Guermantes dit: « quand on s'appelle Saint-Loup, on ne s'amuse pas à prendre le contrepied des idées de tout le monde qui a plus d'esprit que Voltaire et même que mon neveu »
Lit	243	540	334	**Littérature/Société:** Norpois aime assez la façon de parler de Bloch
Lit	246	543	337	**Littérature/Société:** Norpois fait allusion aux moutons de Rabelais (à propos de l'Affaire Dreyfus)
Lit	249-250	546	340-341	**Théâtre/Société:** la duchesse de Guermantes et M. d'Argencourt parlent des *Sept princesses* et de la pièce de Borelli
Lit	250	547	342	**Comparaison/Littérature:** Mme de Marsantes ne peut avoir toutes les vertus comme dans les chansons de geste
Vis Mus	251	548	343	**Littérature/Société:** Mme de Marsantes parle d'une façon particulière lorsqu'il s'agit d'artistes roturiers, comme par exemple Bergotte et Elstir
Vis	256	553	348	**Comparaison/Vitrail:** le nom du prince de Faffenheim-Munster-Weinigen a la mysticité d'un vitrail rhénan
Lit			349	**Littérature/Temps:** ce nom contient celui d'une petite ville où Marcel a été tout enfant « au pied d'une montagne honorée par les promenades de Goethe »
Lit				**Comparaison/Littérature:** appellation des crus illustres comparée aux « épithètes qu'Homère donne à ses héros »
Lit	259	555	351	**Comparaison/Théâtre:** Norpois fait un *a parte* comme dans un effet de théâtre
Lit	260	556	353	**Comparaison/Théâtre:** coutume analogue à une entrevue fortuite à une représentation du théâtre du Gymnase
Lit Vis	263	559	356	**Peinture/Temps:** les portraits d'écrivains de nationalités différentes mais de la même époque se ressemblent
Lit	264	560	357	**Création littéraire:** prolepse sur l'intérêt particulier de la présence de Mme Swann pour le futur de Marcel

Art	Page PL 54	Page PL 88	Page G-F 87	SOMMAIRE
Lit	265	562	359	**Vocation artistique:** l'oncle de Marcel répète tous les jours à son valet de chambre que Marcel sera « une espèce de Racine, de Vaulabelle »
Mus				**Musique/Société:** Marcel se rend compte que le fils de Morel est très « arriviste »
Lit	266	562	360	**Musique/Littérature/Société:** Morel veut profiter des
Mus				vers d'un poète dont Marcel lui a parlé pour faire jouer sa musique
Lit		563		**Comparaison/Littérature:** le narrateur utilise le mot « qualifier » comme Saint-Simon
Vis				**Photographie/Elstir:** Marcel reçoit une photo du portrait de Miss Sacripant par Elstir
Vis	267	563	361	**Comparaison/Peinture:** le baron de Charlus ressemble à un portrait réussi par un grand coloriste
Lit	272	569	367	**Comparaison/Peinture:** le soupçon d'une erreur comparable à celui d'un visiteur d'une exposition
Lit	274	570	369	**Comparaison/Littérature:** indulgence perverse de Norpois « à la Voisenon ou à la Crébillon fils »
Vis		571		**Peinture/Société:** Norpois parle de la peinture de Mme de Villeparisis
Art	275	571	369-370	**Art/Société:** le narrateur constate le néant de goût véritable dans le jugement artistique des gens du monde
Vis				**Littérature/Société:** Mme de Villeparisis parle des lettres de Mme de Broglie
Lit	276	572	371	**Littérature/Temps:** Marcel pense que les « violences d'ami, et plus tard d'écrivain » de Bloch étaient peu profondes
Vis				**Elstir:** la duchesse de Guermantes n'a pas proposé à Marcel d'aller voir les Elstir
Lit	278	574	373	**Littérature/Société:** déjeuner avec Rachel (on ne parle que d'Emerson, Ibsen, Tolstoï)
Vis	284	581	380	**Comparaison/Sculpture:** le duc de Guermantes comparé à la statue de Jupiter Olympien

Art	Page PL 54	Page PL 88	Page G-F 87	SOMMAIRE
Vis	361	656	107	**Comparaison/Peinture:** Albertine semble « presque peinte sur le fond de la mer »
Lit				**Comparaison/Théâtre:** Albertine comparée aux visions de théâtre
Vis				**Comparaison/Peinture:** Albertine, dans le monde réel, n'a pas « cette facilité amoureuse qu'on lui supposait dans le tableau magique »
Vis	364-365	660	111	**Comparaison/Photographie:** photographie comparée à un baiser
Vis	367	662	114	**Comparaison/Sculpture:** Albertine comparée à « une petite paysanne française dont le modèle est en pierre à Saint-André-des-Champs »
Vis	370	665	117	**Comparaison/Sculpture:** Albertine comparée à une « jeune Picarde, qu'aurait pu sculpter à son porche l'imagier de Saint-André-des-Champs »
Mus	371	666	118	**Musique/Amour:** Marcel chante en pleurant l'*Adieu* de Schubert quand il renonce à Mme de Guermantes
Vis	374	669	122	**Comparaison/Peinture:** la duchesse de Guermantes a une « expression rêveuse et douce, comme dans un portrait »
Mus	375	670	122	**Peinture/Société:** Mme de Villeparisis offre un bouquet de roses de vingt francs à la diva
Vis Mus				**Peinture/Musique/Société:** Mme de Villeparisis offre des roses peintes à celles qui chantent souvent
Lit			123	**Comparaison/Littérature:** le salon Guermantes comparé à celui d'un roman
Lit	376	671	124	**Comparaison/Littérature:** Marcel chez la duchesse de Guermantes se croit dans *La Chartreuse de Parme*
Lit	378	673	126	**Comparaison/Littérature:** la duchesse de Guermantes comparée à Assuérus

Art	Page PL 54	Page PL 88	Page G-F 87	SOMMAIRE
Mus	400	694	150	**Musique/Société:** même en province on trouve des passionnés de musique
Lit			151	**Littérature/Société:** on parle du procès Zola dans les cafés
Lit	401	695	152	**Comparaison/Littérature:** le patron de café comparé à « un examinateur qui a bonne envie de ne pas prononcer le *dignus est intrare* »
Lit	402	696	152	**Comparaison/Littérature:** chaque nouveau venu doit raconter, « comme dans les vieux romans », son aventure dans la brume
Mus Lit	403	697	154	**Art/Société:** quand on vieillit « il est rare qu'on reste confiné dans l'insolence »; on découvre « qu'il y a aussi la musique, la littérature, voire la députation »
Lit	406	700	158	**Comparaison/Littérature:** le patron du restaurant « 'dilaté', comme s'expriment *Les Mille et une nuits* »
Lit	408	702	159	**Comparaison/Théâtre:** les juifs ont des gestes théâtraux
Vis	409	703	160	**Comparaison/Sculpture:** le visage de Saint-Loup
Mus	412	706	164	**Comparaison/Musique:** une guerre serait « plus catastrophique que le *Déluge* et le *Götterdämmerung* »
Mus	413	706	165	**Comparaison/Musique:** homme élégant comparé à un musicien
Art	414	707	166	**Comparaison/Art:** Saint-Loup marchant sur la banquette comme à travers une œuvre d'art
Vis				**Comparaison/Sculpture:** les mouvements de Saint-Loup comparés à ceux de cavaliers sur une frise
Art		708		**Art/Société:** plaisir d'art pour Marcel, non pas plaisir d'amitié
Lit				**Comparaison/Sculpture:** l'aristocratie naturelle de Saint-Loup comparée au talent littéraire de Mme de Villeparisis

Art	Page PL 54	Page PL 88	Page G-F 87	SOMMAIRE
Lit	431	723	184	**Théâtre/Société:** M. de Bréauté prend Marcel pour un metteur en scène (ou un docteur)
Vis		724	185	**Comparaison/Peinture:** le nez de Châtellerault comparé à la signature d'un peintre
Lit	432	724	185	**Littérature/Société:** Quiou pour Montesquiou
Art	433	725	186	**Comparaison/Art:** nom d'Agrigente comparé à une œuvre d'art
Vis		726	187	**Elstir:** les tableaux d'Elstir ont retardé le repas
Lit	434	727	188	**Comparaison/Théâtre:** repas comparé à une scène de théâtre
Lit	435-436	728	189-190	**Littérature/Société:** Louis XIV d'après Saint-Simon
Lit	441	733	195 -	**Comparaison/Littérature:** l'air des Guermantes comparé à celui du Serpent de Salammbô
Vis Mus		734	196	**Peinture/Musique/Architecture/Société:** pouvoir en parler est un signe d'intelligence d'après les Guermantes
Lit	443	735	197-198	**Comparaison/Littérature:** Mme de Villebon a des expressions qui rappellent au narrateur des vers de Hugo et Racine
Lit	445	737	200	**Comparaison/Littérature:** même le caractère intime des lettres de Mme de Guermantes n'entraînent « pas plus d'intimité entre l'épistolière et vous que si celle-ci avait été Pline le Jeune ou Mme de Simiane »
Lit	447	739	202	**Littérature/Société:** sortie sur Tolstoï de la duchesse de Guermantes au grand-duc de Russie
Vis Lit			203	**Comparaison/Peinture/Littérature:** la duchesse de Guermantes « fait des aquarelles dignes d'un grand peintre et des vers comme en font peu de grands poètes »
Lit	448	740	203	**Littérature/Société:** réaction des faux hommes de lettres
Mus	449	740-741	204	**Musique/Société:** le mauvais goût musical peut changer

Art	Page PL 54	Page PL 88	Page G-F 87	SOMMAIRE
Lit	451	743	206	**Littérature/Société:** une Américaine a un « petit exemplaire ancien, et jamais ouvert, des poésies de Parny »
Mus Lit	452	743-744	207	**Musique/Théâtre/Société:** la duchesse de Guermantes a le courage d'inviter le musicien Gaston Lemaire et l'auteur dramatique Grandmougin en même temps que le roi d'Angleterre
Lit	452-453	744	208	**Comparaison/Littérature:** salon comparé à un livre
Vis	458	749	214	**Peinture/Société:** un peintre n'a pas réussi dans sa carrière parce qu'il passait pour un homme du monde
Art		750	215	**Art/Société:** du Boulbon, « au fond un artiste », est sauvé car il n'aime pas le monde
Lit	459	750	215	**Comparaison/Littérature:** professeur comparé à Saint-Simon
Lit				**Comparaison/Théâtre:** le « veto » de la Faculté de Médecine comparé au « 'juro' sur lequel mourut Molière »
Vis				**Peinture/Société:** peintre étiqueté homme du monde
Art				**Art/Société:** gens du monde étiquetés artistes
Vis	460-461	752	217	**Elstir:** Swann trouve Elstir mufle
Mus	466	757	223	**Comparaison/Musique:** une dame a raté la visite d'Oriane, comme elle pourrait manquer par sa faute la dernière représentation de Mme Carvalho
Lit	468	759	225	**Comparaison/Littérature:** Mme de Guermantes comparée aux écrivains « tenus à distance par les hommes et trahis par les femmes »
Lit				**Comparaison/Littérature:** les Courvoisier comparés à quelqu'un qui voudrait reproduire « à la lettre dans sa propre vie les exploits de Bussy d'Amboise »
Lit Mus	469	760	227	**Littérature/Musique/Société:** les réflexions de Mme de Guermantes sur Flaubert ou sur Wagner surprennent la princesse de Parme

Art	Page PL 54	Page PL 88	Page G-F 87	SOMMAIRE
Art	470	761	227	**Art/Société:** les critiques artistiques de la duchesse sont basées sur des paradoxes
Mus				**Musique/Société:** exemples musicaux de ces paradoxes
Lit			228	**Comparaison/Littérature:** la duchesse de Guermantes comparée à un critique littéraire
Art	471	762	228	**Art et Société:** les changements de mode dans la critique
Vis				exemples en arts visuels
Lit				exemples en littérature
Mus				exemples en musique
Lit	473	763	230	**Comparaison/Théâtre:** plaisir théâtral des actions mondaines de la duchesse de Guermantes
Lit		764		**Littérature/Société:** le narrateur ne se sert pas cette fois de la critique littéraire pour comprendre ce plaisir de la duchesse
Lit			231	**Comparaison/Littérature:** mots qui « tiennent moins de place qu'un hémistiche dans un alexandrin »
Mus	477	768	235	**Musique/Société:** bien que voltairienne, la duchesse de Guermantes trouve indécent qu'on mette en scène le Christ
Lit	478	768	236	**Comparaison/Littérature:** qu'on aille visiter les fjords n'est pas plus explicable pour les Courvoisier que *Vingt mille lieues sous les mers*
Lit		769	236-237	**Théâtre/Société:** la duchesse de Guermantes seule au théâtre
Vis	479	770	237	**Comparaison/Sculpture:** le duc de Guermantes aime les femmes grandes « entre la *Vénus de Milo* et la *Victoire de Samothrace* »
Lit	485	776	244	**Comparaison/Théâtre:** Mme de Guermantes dit que sa cousine est « 'demeurée' comme dans les mélodrames ou comme dans *l'Arlésienne* »
Lit	487	777	246	**Comparaison/Littérature:** Mme de Guermantes compare sa cousine aux auteurs constipés

Art	Page PL 54	Page PL 88	Page G-F 87	SOMMAIRE
Vis	549	837	312	**Création littéraire:** le jugement de la duchesse de Guermantes sur Hals est bête mais utile à l'œuvre
Lit		838		**Création littéraire:** le jugement de la duchesse de Guermantes sur Hugo utile en quelque sorte au narrateur, qui analyse les « pensées » d'Hugo
Mus				**Comparaison/Littérature/Musique:** les « pensées » sont « presque aussi absentes de *la Légende des Siècles* que les 'airs', les 'mélodies' dans la deuxième manière wagnérienne »
Lit	550	838-839	313	**Littérature/Société:** Marcel veut retrouver les vers cités par la duchesse de Guermantes
Vis	551	839	314	**Art/Société/Temps:** Saint-Loup achète des meubles modern style
Lit		839-840	314-315	**Littérature/Société:** la conversation des Guermantes, dictionnaire d'expressions désuètes, enchanterait un littérateur
Vis	554	842	317-318	**Art/Société:** Marcel ne s'assoit pas dans le fauteuil Louis XIV que Charlus lui désignait
Lit	555	843	318	**Bergotte:** Marcel se souvient mal de la décoration autour du livre de Bergotte prêté par Charlus
Mus				**Comparaison/Musique:** Charlus compare l'ignorance de Marcel à celle d'un Berlinois qui ne connaîtrait pas la *Walkyrie*
Vis			319	**Art/Société:** Charlus accuse Marcel de ne s'y connaître ni en styles ni en fleurs
Lit				**Bergotte:** le *myosotis* de l'église de Balbec sur la reliure du livre de Bergotte
Vis		844		**Comparaison/Peinture:** Charlus se compare au vainqueur dans les *Lances* de Vélasquez
Vis	556	845	320	**Art/Société:** Charlus méprise Marcel car il ne s'y connaît pas en style d'ameublement
Mus	560	848	324	**Comparaison/Musique:** voix de Charlus comparée à une symphonie

78   Répertoire des Références

Sodome et Gomorrhe

I

Art	Page PL 54	Page PL 88	Page G-F 87	SOMMAIRE
Lit Lit	601	3	63	**En exergue:** citation de Vigny sur Sodome et Gomorrhe **Création littéraire:** le narrateur a différé de rapporter la découverte concernant Charlus
Lit	603	5	65-66	**Création littéraire:** la ruse des fleurs va avoir une conséquence pour une partie inconsciente de l'œuvre littéraire
Mus	605	7	68	**Comparaison/Musique:** l'interrogation dans l'œillade de Charlus est comparée aux phrases interrogatives de Beethoven
Lit	608	10	71	**Littérature/Temps:** Marcel relit des récits de voyage
Mus Art	609	11	72	**Comparaison/Musique:** sons amoureux de Charlus et Jupien comparés à de la musique **Comparaison/Art:** mention de la Légende dorée à propos d'homosexualité
Lit	610	12	73	**Comparaison/Littérature:** Charlus comparé à Bergotte
Vis	611	13	74	**Photographie:** Charlus critique les photos dans les wagons de train
Lit	613	15	77	**Comparaison/Littérature:** le vice non découvert comparé à Ulysse qui ne reconnaît pas Athéné
Lit Art	616	17 18	80	**Comparaison/Littérature:** homosexuels comparés au poète fêté puis chassé de Londres **Art/Amour:** les homosexuels ajoutent l'art à l'amour
Lit	617	19	81	**Littérature/Société/Amour:** pour les homosexuels, les romans d'aventures invraisemblables semblent vrais
Mus	619	21	83	**Comparaison/Musique:** divers groupements d'homosexuels comparés à des groupements politiques et à des sociétés musicales

82 Répertoire des Références

Art	Page PL 54	Page PL 88	Page G-F 87	SOMMAIRE
Mus	688	87	159	**Musique/Société:** Mme de Citri trouve la musique rasante
Vis			160	**Peinture/Société:** Mme de Citri trouve la peinture rasante
Lit				**Littérature/Société:** Mme de Citri trouve la littérature rasante
Vis				**Art/Société:** art étrusque et égyptien dans la salle de jeu
Lit	690	89	162	**Littérature/Société:** Marcel pense à des phrases latines que Robert aurait pu citer à propos du visage de Swann ravagé par la maladie
Vis	694	93	167	**Peinture/Société:** Charlus parle à Mme de Sturgis du portrait que Jacquet avait fait d'elle autrefois
Vis	695	93	167	**Comparaison/Peinture:** Charlus retrouve dans Mme de Sturgis le charme de ses fils comme en un portrait
Vis		94	168	**Peinture/Théâtre:** le narrateur imagine « toute une galerie de portraits, ayant le titre de la comédie allemande *Oncle et Neveu* »
Lit				
Vis	696	94	168	**Comparaison/Peinture:** la femme de chambre de Madame Putbus comparée à un Giorgone
Lit		95	169	**Littérature/Amour:** l'amour de Saint-Loup pour la littérature était dérivé de son amour pour Rachel
Lit				**Comparaison/Théâtre:** Charlus rusé et moqueur comme Scapin
Lit	698	96	171	**Comparaison/Littérature:** le fils de Mme Sturgis s'appelle Victurnien comme dans Balzac
Lit	699	97	171	**Littérature/Amour:** Charlus pense que Victurnien est instruit
Lit		98	172	**Littérature/Amour:** Charlus prend le prétexte du livre de Balzac pour inviter le jeune homme à déjeuner chez lui
Lit	701	99	174	**Littérature/Société:** Charlus, pour se moquer de Mme de Saint-Euverte, cite un vers d'un poème parodiant les poèmes symbolistes
Lit	702	101	175	**Bergotte:** Marcel parle à Swann de l'acte de Bergotte

LES INTERMITTENCES DU CŒUR

Art	Page PL 54	Page PL 88	Page G-F 87	SOMMAIRE
Vis	809	204	297	**Art/Société:** les armes des Cambremer dans un vitrail de la cathédrale de Bayeux et leurs monuments funéraires dans l'église d'Avranches
Vis	810	205	298	**Vocation artistique:** Mme de Cambremer dit à Marcel qu'il a une nature de peintre
Vis	810-813	205-208	298-301	**Peinture/Société:** les Cambremer parlent de Poussin, Monet, Manet, Degas, Le Sidaner, Elstir, etc.
Mus	812	207	300	**Musique/Société:** la façon dont Mme de Cambremer jeune parle de musique
Vis	813	208	301	**Peinture/Société/Temps:** Marcel réhabilite Poussin aux yeux de Mme de Cambremer jeune, en disant qu'il est redevenu à la mode
Mus	813-814	208 -	302 -	**Musique/Société:** les Cambremer ne sont pas d'accord sur la musique (Debussy, Wagner, Chopin)
Lit		209	303	**Littérature/Société:** Mme de Cambremer veut citer Baudelaire mais confond mouettes et albatros
Vis				**Peinture/Société:** Albertine ne connaît pas les Ver Meer
Mus	815	210	303-304	**Musique/Temps:** modes et théories (Chopin, Wagner, Debussy)
Art	815-816	210-211	304-305	**Art/Temps:** modes, théories, écoles
Vis				**Peinture/Littérature/Temps:** exemples de Turner, Poussin, Flaubert, Montesquieu
Lit				
Mus	816-817	212	305 -	**Musique/Temps:** Marcel apprend aux Cambremer que Chopin est redevenu à la mode
Lit			306	**Comparaison/Théâtre:** les yeux de Mme de Cambremer comparés à ceux de Latude dans la pièce *Latude ou Trente-cinq ans de captivité*
Mus	817-818	212-213	306-307	**Musique/Société:** Mme de Cambremer est contente que Marcel aime Chopin
Vis	821-822	216	310-311	**Peinture/Société:** l'avocat invite Marcel à voir sa collection de Le Sidaner
Mus		217	312	**Musique/Société:** les cloches de l'*angélus* rappellent *Pélléas* à Marcel

Art	Page PL 54	Page PL 88	Page G-F 87	SOMMAIRE
Lit	849	243	341	**Comparaison/Théâtre:** les sœurs Albaret sont comparées à des masques de théâtre
Lit				**Littérature/Société:** Marcel a des poèmes de Saint-Léger Léger
Lit				**Littérature/Société:** les sœurs Albaret ne comprennent pas, malgré un don littéraire potentiel
Lit	854	248	ゟ	**Comparaison/Littérature:** Nissim Bernard trompe l'enfant des chœurs d'*Athalie*
Lit				**Comparaison/Théâtre:** Nissim Bernard comparé à Amphitryon
Vis	856	249	10	**Peinture/Amour:** Marcel conseille la peinture à Albertine pour l'occuper
Lit	864	258	20	**Littérature/Société:** La Rochefoucauld, ancêtre de Saint-Loup
Vis	865	258	21	**Elstir:** jugement d'Elstir sur la petite bande
Lit		259		**Littérature/Amour:** Marcel cite des vers de Vigny à Albertine
Vis	867	260	23	**Sculpture/Société:** Ski dans le wagon en route pour La Raspelière
Vis	868	261	24	**Sculpture/Société:** le chapeau mou de Ski
Lit Vis	869	262	25	**Peinture/Littérature/Société:** portrait de Brichot par peintre ou écrivain
Mus	870	263	26	**Musique/Temps:** l'évolution des salons est accélérée par la musique « nouvelle »
Mus				**Vinteuil:** le salon Verdurin, Temple de la Musique, a découvert Vinteuil, maintenant très connu
Mus				**Vinteuil:** les aristocrates aiment Vinteuil, d'où le prestige de Mme Verdurin
Vis	873-874	266-267	29-30	**Elstir/Sculpture/Société:** description du sculpteur Ski, comparé à Elstir

Art	Page PL 54	Page PL 88	Page G-F 87	SOMMAIRE
Vis	938-940	329-331	101-104	**Elstir:** Brichot parle de la ville dont Marcel a vu le tableau par Elstir; Mme Verdurin parle d'Elstir (qu'elle appelle Tiche); discussion sur la peinture
Mus	942	333	106	**Comparaison/Musique:** rire de Charlus comparé à une fugue de Bach
Vis	942-943	333-334	106-107	**Elstir:** Mme Verdurin montre à Marcel les fleurs d'Elstir
Vis	944	335	108	**Décoration/Société:** les Cambremer critiquent le goût Verdurin
Vis Mus Vis Vis Lit Mus	945	336	109	**Peinture/Musique/Société:** l'impressionnisme et Debussy sont la seule culture de Mme Cambremer **Architecture/Société:** culture limitée de M. Cambremer **Comparaison/Dessin:** écriture spéciale comparée à un dessin **Littérature/Musique/Société:** la vieille Cambremer apprenait à écrire et à jouer du Chopin à l'époque de la règle des trois adjectifs
Lit Vis	947	337-338	111	**Comparaison/Théâtre:** Guillaume, empereur de théâtre **Peinture/Société:** Charlus dit que Guillaume II ne s'y connaît pas en peinture (il a fait retirer les Elstir des musées nationaux)
Lit	948	338	112	**Littérature/Société:** Charlus dit que Saint-Simon s'est trompé
Art Lit	949-950	340	113-114	**Art/Société:** art et clans **Littérature/Société:** conte aimé par Marcel et méprisé par la duchesse de Guermantes et Bloch
Lit	952	343	117	**Littérature/Société:** Brichot cite Horace

Art	Page PL 54	Page PL 88	Page G-F 87	SOMMAIRE
Lit	1005	394	175	**Littérature/Société:** le narrateur pense avec terreur que Mme Bovary et la Sanseverina lui auraient « peut-être semblé des êtres pareils aux autres », s'il les avait rencontrées
Mus	1007	395	177	**Musique/Amour:** Charlus trouve affreux le titre qu'a trouvé Morel
Mus		396	178	**Musique/Amour:** Charlus critique l'interprétation musicale de Morel
Mus	1009	397	180	**Musique/Société:** Charlus fut interdit de Chopin par son maître de piano
Mus	1009 -	398 -	180 -	**Musique/Amour:** Charlus donne à Morel son avis sur la manière dont il devrait jouer et l'effraie
Lit	1010	399	181	**Théâtre/Amour:** Charlus reproche à Morel de n'avoir pas lu Molière
Mus	1011	399	182	**Musique/Société:** Morel met au-dessus de la noblesse sa réputation artistique
Vis	1013	401	184	**Elstir:** Albertine peint l'église et essaie d'imiter Elstir
Vis	1014	402	185-186	**Elstir:** l'église de Marcouville l'Orgueilleuse, restaurée, ne plaît pas à Albertine, qui se souvient de ce qu'Elstir lui a dit
Lit	1018	406	190	**Comparaison/Littérature:** la mère de Marcel compare Marcel à Charles de Sévigné
Lit	1019	407	191	**Vocation artistique:** la mère de Marcel se rappelle les années où sa mère et elle n'ont plus parlé à Marcel de son travail
Lit	1022	410	194	**Comparaison/Littérature:** Saint-Loup dit que dans les clans, « la question n'est pas, comme pour Hamlet, d'être ou de ne pas être, mais d'en être ou de ne pas en être »
Lit	1025	413	197	**Comparaison/Littérature:** l'air d'Aimé comparé à l'air d'un enfant lisant Jules Verne

Art	Page PL 54	Page PL 88	Page G-F 87	SOMMAIRE
Lit	1026	414	198	**Comparaison/Littérature:** le lift dit qu'être maître d'hôtel est encore plus terrible que d'être écrivain
Mus			198-199	**Comparaison/Musique:** le lift comparé à un ténor qui vous excède
Lit	1027	415	200	**Comparaison/Littérature:** mécontement comparé à celui « qui éclate dans les *Mémoires* de Saint-Simon »
Vis	1028-1029	416-417	201-202	**Comparaison/Peinture:** promenade à cheval dans un univers pareil à celui d'Elstir
Lit	1031	419	204	**Création littéraire:** le narrateur s'adresse au lecteur
Lit	1032	420	206	**Comparaison/Littérature:** Morel comparé à un vieux livre du Moyen-Age
Mus	1032-1033	420	206	**Art/Temps:** l'art de Morel
Lit				**Vocation artistique:** Morel cite une phrase de Fontanes à Chateaubriand à propos du travail de Marcel
Mus		421	207	**Musique/Société:** Morel met au-dessus de tout son diplôme du conservatoire
Mus	1034	421	207	**Musique/Société:** les ambitions de Morel
Vis		422	208	**Peinture/Société:** peintres parisiens habitant Douville
Vis				**Peinture/Société:** un peintre peint le soir
Lit	1036	423	209	**Littérature/Société:** les hommes occupés méprisent ceux qui écrivent *Hamlet* ou le lisent pour se divertir
Lit	1038	426	212	**Littérature/Société:** Charlus lit un volume de Balzac
Lit	1039	427	213	**Bergotte:** le volume de Balzac est un livre de la bibliothèque de Charlus, pas comme le volume de Bergotte prêté à Marcel
Lit				**Création littéraire:** prolepse du narrateur sur les devises dans les livres de Charlus
Lit	1041	429	215-216	**Comparaison/Théâtre:** expérience de Charlus comparée à la psychologie offerte dans une pièce japonaise ou russe

Art	Page PL 54	Page PL 88	Page G-F 87	SOMMAIRE
Mus	1043	431	218	**Musique/Société:** Mme Verdurin dit à Morel et Charlus qu'ils peuvent faire « de la musique »
Lit	1045	433	220	**Littérature/Société:** Mme Verdurin donne à Charlus un livre intitulé *Parmi les hommes*
Mus	1047	434	221-222	**Musique/Société/Amour:** un grand musicien favorise les relations de Charlus et Morel par amabilité mondaine
Lit	1050-1053	437-440	125-128	**Littérature/Société:** Charlus parle de Balzac à Marcel
Lit	1053	440	229	**Littérature/Société/Amour:** Charlus ne veut pas parler de l'amour de Carlos Herrera pour Lucien de Rubempré devant Morel
Lit	1054	441-442	230	**Littérature/Société:** Charlus dit à Albertine qu'elle a la toilette de la princesse de Cadignan
Vis	1054-1055	442	230-231	**Littérature/Société/Elstir:** Charlus et Albertine parlent des toilettes de la princesse de Cadignan; influence d'Elstir sur Albertine
Vis / Lit	1056	443	231	**Art/Société:** Brichot ne comprend pas que toilettes et jardins sont des œuvres d'art **Comparaison/Littérature:** Charlus revoit comme dans Balzac les petites allées de Mme de Cadignan
Lit	1058	445	234	**Littérature/Amour:** Charlus s'identifie à la princesse de Cadignan
Mus	1059	446	235	**Comparaison/Musique/Peinture:** Morel a l'air d'un violoniste de portrait
Mus	1062	449	238	**Musique/Société:** Morel met au-dessus de tout la bonne réputation au Conservatoire
Mus	1065	452	242	**Musique/Société:** Morel chante « Le samedi soir, après le turbin! »

Art	Page PL 54	Page PL 88	Page G-F 87	SOMMAIRE
Lit	1066	452	242	**Littérature/Amour:** Charlus a donné de très beaux livres à Morel
Lit	1070	456	247	**Comparaison/Théâtre:** Charlus compare son duel à l'*Aiglon* ou *Œdipe*
Vis		457		**Elstir:** Charlus voudrait qu'Elstir peigne le duel
Lit	1072	459	250	**Théâtre/Société:** boisson introuvable sauf dans Labiche
Lit				**Littérature/Société:** Cottard cite Ovide
Lit	1073	460	251	**Comparaison/Littérature:** Charlus se compare à l'archange Raphaël et Morel au jeune Tobie
Lit	1084	470	262	**Comparaison/Littérature:** le comte de Crécy comparé à un élégant de Balzac, s'il en avait les moyens
Art			263	**Comparaison/Art/Théâtre:** Marcel compare sa résigna-
Lit				tion à celle de n'avoir pas vu « Rome, Venise, Sienne, le Prado, le musée de Dresde, les Indes, Sarah dans *Phèdre* »
Lit	1085	471	263	**Comparaison/Littérature:** le comte de Crécy comparé à un vieux latiniste entendant un vers d'*Horace*
Lit	1086-1087	472-473	265-266	**Théâtre/Société:** M. de Chevregny parle des « nouveautés » à aller voir
Lit	1087	473	266	**Comparaison/Littérature:** le style de Mme de Cambremer comparé à celui de Sainte-Beuve
Lit	1091	476	270	**Comparaison/Littérature:** Marcel compare les Cambremer à des personnages de Balzac
Lit	1105	490	285	**Théâtre/Société:** Charlus choqué par le spectacle de *la Passion*
Mus				**Musique/Société:** Charlus parle des réactions de son voisin juif écoutant *l'Enfance du Christ* et *l'Enchantement du Vendredi-Saint*
Vis	1106	491-492	287	**Art/Société:** Charlus parle d'artistes juifs, de Spinoza, Rembrandt

CHAPITRE IV

La Prisonnière

Art	Page PL 54	Page PL 88	Page G-F 84	SOMMAIRE
Mus	54	563	146	**Comparaison/Musique:** Morel comparé au violoniste Thibaud par Nissim Bernard
Lit Mus Vis	56	565	148-149	**Vinteuil/Elstir/Bergotte:** Marcel feuillette un album d'Elstir, un livre de Bergotte, la sonate de Vinteuil, en attendant Albertine; l'art et l'amour
Lit	59	568	152	**Littérature/Société:** Marcel passe de bons moments à lire, ce qui déplaît à Andrée
Vis	63-64	572	155-156	**Couture:** les toilettes d'Albertine
Lit	64	572	157	**Littérature/Société:** Albertine lit beaucoup
Vis Vis	68	576	161	**Art/Société:** Albertine fait du dessin et de la ciselure **Elstir:** Albertine rapprochée de Marcel grâce à Elstir
Vis	69	577	162	**Comparaison/Peinture:** êtres comparés à une figure de Benozzo Gozzoli
Vis	71	579	164	**Comparaison/Peinture:** les cheveux d'Albertine comparés aux arbres des tableaux d'Elstir
Lit	75	583	168	**Création littéraire:** l'auteur et le narrateur ont peut-être le prénom de Marcel
Lit	78	586	171	**Vocation artistique:** Marcel souffre de ne pas être écrivain
Vis	80	587	173	**Comparaison/Peinture:** un côté de la figure d'Albertine comparé à une caricature de Léonard
Lit	83	591	176	**Vocation artistique:** Marcel remet toujours son travail au lendemain
Mus	83-84	591	177	**Comparaison/Musique:** sons, lumières et souvenirs
Lit	88	596	182	**Vocation artistique:** M. de Cambremer croit Marcel écrivain

Art	Page PL 54	Page PL 88	Page G-F 84	SOMMAIRE
Vis	207	712	306	**Comparaison/Peinture:** Charlus comparé à l'Inquisiteur peint par le Greco
Vis	208-209	712-713	307	**Art/Société:** Charlus (au contraire de Marcel) a le don d'observation [en note dans PL 54]
Mus				**Musique/Société/Amour:** Charlus se borne à accompagner Morel au piano [en note dans PL 54]
Lit			308	**Vocation artistique:** le narrateur regrette que Charlus n'ait pas entrepris d'écrire et imagine ce qu'il aurait pu écrire [en note PL 54]
Vis	210	714-715	309	**Couture:** Charlus parle de la toilette d'Albertine [en note dans PL 54]
Lit	214	720	315	**Création littéraire:** prolepse du narrateur
Lit	215	720	315	**Littérature/Société:** expression de Saint-Simon sur l'homosexualité
Lit	216	721	316	**Bergotte:** ambiance favorable à l'écrivain
Mus	217	723	318	**Comparaison/Musique:** indignation de Charlus comme s'il lisait sur une affiche que « lui, l'interprète de Bach et Hændel, allait jouer du Puccini »
Vis	218	723	318	**Comparaison/Peinture:** Charlus compare Morel à un Bronzino
Mus	218-219	724	319-320	**Musique/Amour:** Charlus parle des qualités musicales de Morel et cherche des compositions pour son protégé
Lit	220	725	321	**Littérature/Amour:** Charlus dit que Morel écrit « comme un ange »
Lit		*	*	**Comparaison/Littérature:** « journal parlé » comme dirait Balzac [ne figure ni dans PL 88, ni dans G-F 84]
Lit	221	725-726	321	**Bergotte:** Charlus veut se servir de Bergotte pour Morel
Mus				**Musique/Société:** il veut que Morel écrive des chroniques sur la musique

Art	Page PL 54	Page PL 88	Page G-F 84	SOMMAIRE
Lit	243	747	344	**Littérature/Amour:** homosexualité et littérature écrite pour les hommes à femmes
Mus	245	750	347	**Musique/Société:** gens du monde comme dans la boîte à Bruant
Mus	248-265	752-769	350-368	**Vinteuil:** le Septuor
Mus Vis	248	752-753	350	**Musique/Société:** attitude de Charlus **Comparaison/Peinture:** Mme Verdurin comparée à un portrait du XVIIIe siècle
Lit	249	753	351	**Littérature/Société:** Marcel voudrait être un personnage des *Mille et Une Nuits*
Vis	253	758	356	**Comparaison/Musique/Peinture:** Vinteuil comparé à un peintre
Vis	254	759	357	**Comparaison/Musique/Peinture:** Vinteuil comparé à Michel-Ange
Vis	255	759	357	**Comparaison/Musique/Peinture:** l'univers de Vinteuil comparé à l'univers d'Elstir
Vis	257	761	359-360	**Comparaison/Musique/Peinture:** « altération générale des sonorités chez le musicien, comme de la couleur chez le peintre »
Vis	258	762	360	**Comparaison/Musique/Peinture:** Vinteuil comparé à Elstir
Vis	260	765	363	**Comparaison/Musique/Peinture:** Sonate et Septuor comparés à un ange de Bellini et un archange de Mantegna
Lit	261	765	363	**Vocation artistique:** impression devant les clochers de Martinville et la rangée d'arbres près de Balbec
Lit	263	767-768	366	**Comparaison/Musique/Littérature:** Vinteuil comparé à Victor Hugo

Art	Page PL 54	Page PL 88	Page G-F 84	SOMMAIRE
Vis Lit	296	800	401	**Peinture/Société:** réputation imméritée d'homosexualité dans l'affaire Michel-Ange
Lit	298	802	403	**Littérature/Société:** politique, Barrès, Daudet
Lit	299	802	404	**Littérature/Société:** Brichot cite une expression de Bossuet
Vis	301	805	407	**Comparaison/Peinture:** Charlus aussi étonné que s'il voyait quelqu'un « ayant connu Whistler et ne pas savoir ce que c'est que le goût »
Lit	303-304	807	409	**Littérature/Société:** les grands homosexuels de la littérature
Lit	304-305	808	410	**Littérature/Société:** Charlus cite son aïeul La Rochefoucauld
Vis	307	811	413-414	**Comparaison/Peinture:** Charlus comparé à un disciple de Monet parlant des cubistes
Mus	310	814	417	**Comparaison/Musique:** Morel sue « plus que s'il avait joué toutes les sonates de Beethoven à la file »
Mus	313	817	420	**Musique/Société:** Mme Verdurin cite Chabrier
Vis	318	821	424	**Comparaison/Sculpture:** la terreur panique de Charlus chez les Verdurin est comparée aux attitudes d'épouvante d'une sculpture grecque
Lit	322	825	429	**Comparaison/Littérature:** êtres sympathiques comme dans les romans de Dostoïevsky
Lit	323	827	430	**Comparaison/Théâtre:** douceur et violence de Charlus comme dans *Esther* et *Andromaque*
Lit	324	827	431	**Comparaison/Littérature:** Charlus identifie Morel à Tobie

Art	Page PL 54	Page PL 88	Page G-F 84	SOMMAIRE
Lit	367	870	477	**Comparaison/Littérature:** Albertine comparée à Mme de La Rochefoucauld
Vis	368	870-871	477-478	**Elstir:** influence d'Elstir sur Albertine (toilettes, argenterie)
Vis	368-369	871-872	478-479	**Elstir:** les robes de Fortuny d'Albertine
Vis	370	873	480	**Couture:** les robes d'Albertine évoquent Venise et rendent l'esclavage de Marcel à Paris plus pesant
Mus	371-376	873-878	481-486	**Vinteuil:** Albertine joue du pianola; musique de Vinteuil; réflexions sur la réalité de l'Art
Lit	374-375	876-877	484-485	**Comparaison/Musique/Littérature:** comparaison entre la musique de Vinteuil et le plaisir d'impressions éprouvées jadis (les clochers de Martinville, les arbres de Balbec, la tasse de thé)
Lit	375	877	485	**Littérature/Musique:** Marcel parle de littérature à Albertine; les phrases-types des écrivains
Lit Vis	376-377	878-879	486-487	**Littérature:** romans superposables **Peinture:** beauté identique chez Ver Meer
Lit Vis	377-378	879-880	487-488	**Littérature:** beauté identique chez Dostoïevsky **Comparaison/Littérature/Peinture:** la femme de Dostoïevsky aussi particulière qu'une femme de Rembrandt ou de Carpaccio
Lit Vis	378	880	488	**Comparaison/Littérature/Peinture:** le monde de Dostoïevsky comparé à celui de Ver Meer
Lit Vis	378-379	880-881	488-489	**Littérature/Peinture:** Marcel parle de littérature à Albertine; Mme de Sévigné comparée à Dostoïevsky et à Elstir
Lit	379-381	881-882	489-491	**Littérature:** Marcel parle de littérature à Albertine; le monde de Dostoïevsky

Art	Page PL 54	Page PL 88	Page G-F 84	SOMMAIRE
Vis Lit	408	910	521	**Peinture/Amour:** Albertine veut se remettre à la peinture **Littérature/Société:** l'image des Rochers, vue dans l'édition de Mme de Sévigné, donne à Albertine l'envie d'y aller
Lit	412	913	523	**Théâtre:** vers d'*Esther* sur le sommeil
Vis	412-413	913-914	524	**Couture:** la robe de Fortuny évoque Venise et donne à Marcel l'envie d'y aller

Art	Page PL 54	Page PL 88	Page G-F 86	SOMMAIRE
Vis	497	78	136-137	**Elstir:** « Mme de Cambremer trouvait avec raison que le charme spirituel d'Elstir était plus grand »
Lit Art	499	81 *	139	**Création littéraire:** prolepse sur l'œuvre en cours **Art/Société:** principale opposition entre la vie de Marcel et celle de Swann [ne figure pas dans PL 88]
Lit Lit Mus Vis	500	82	140 141	**Comparaison/Littérature:** vie comparée à un essai de psychologie subjective dans un roman réaliste **Comparaison/Littérature/Musique:** hésitations du début comparées à « certaines nouvelles de Balzac ou quelques ballades de Schumann » **Art/Amour:** rôle de l'art dans la rencontre d'Albertine
Mus	502	84	143	**Comparaison/Musique:** Gilberte comparée à la sonate de Vinteuil, Albertine au septuor [dans G-F 86; « concert », au lieu de « septuor »]
Lit	507	88	148	**Littérature/Amour:** Marcel rapproche un roman qu'il lit à sa propre situation
Lit	508	90	150	**Comparaison/Littérature:** on oublie les gens comme on oublie les personnages d'un roman
Lit Lit	520	101	162	**Comparaison/Littérature:** on oublie une femme aimée comme on oublie un écrivain **Comparaison/Littérature:** regrets de la jalousie rétrospective comparés au désir de gloire posthume
Lit	522	103	164	**Littérature/Amour:** Marcel resterait indifférent même aux acclamations que reçoit un grand écrivain
Art	524	105	166	**Art/Temps:** immortalité de l'artiste grâce à son œuvre
Vis	527	108	170	**Comparaison/Peinture:** Albertine comparée aux femmes nues dans un tableau d'Elstir
Lit	529	110	172	**Bergotte:** croyait au spiritisme
Lit	530	110	173	**Littérature/Amour:** Albertine aimait causer de Saint-Simon

Art	Page PL 54	Page PL 88	Page G-F 86	SOMMAIRE
Lit	541	121-122	186-187	**Bergotte/Amour:** Marcel rouvre un roman de Bergotte, mais cela ravive sa jalousie
Mus	543	123	189	**Musique/Amour:** le titre de mélodies rappelle à Marcel des souvenirs
Lit		124		**Comparaison/Littérature:** « on peut faire d'aussi précieuses découvertes que dans les *Pensées* de Pascal dans une réclame pour un savon »
Lit	545	126	191	**Littérature/Amour:** Marcel pense que les conversations intellectuelles ont dû peser bien peu pour Albertine
Lit	551	131	197-198	**Littérature/Amour:** technique du narrateur informé, comme par exemple dans *La Chartreuse de Parme;* mais dans la vie nous ne le rencontrons jamais
Vis	552	133	199	**Comparaison/Art:** substituts de plaisirs comparés à la consolation d'aller au Louvre au lieu d'aller à Venise
Mus Vis	554	135	202	**Vinteuil/Elstir:** Marcel voudrait que la nouvelle venue connaisse Vinteuil et Elstir
Mus Lit	557	137	204	**Vinteuil/Littérature:** les autres femmes ne parlent jamais de Vinteuil ou des *Mémoires* de Saint-Simon
Mus	559-560	139-140	207-208	**Vinteuil:** la petite phrase de la sonate ne fait plus beaucoup souffrir Marcel
Vis	559	139	207	**Comparaison/Peinture:** le prix d'un passage musical comparé à celui d'un tableau de Van Dyck
Lit	560	140	208	**Comparaison/Littérature:** feuillages comparés aux pages descriptives d'un roman
Lit	561	141-142	209	**Littérature/Amour:** effet d'un roman triste sur Marcel
Lit	564	144-145	213	**Comparaison/Littérature:** Marcel unit des éléments distincts comme un romancier crée un personnage imaginaire à partir de divers éléments réels

Art	Page PL 54	Page PL 88	Page G-F 86	SOMMAIRE
Lit	644	223	303	**Comparaison/Théâtre:** Marcel compare Albertine à Hippolyte
Lit Vis	645	224	304	**Vocation artistique:** Marcel travaille sur Ruskin **Comparaison/Peinture:** escalier de marbre comme dans une peinture de la Renaissance
Vis Vis	645-646	224-225	304-305	**Architecture:** Marcel va à Saint-Marc avec sa mère **Comparaison/Peinture:** femme en deuil comme dans un tableau de Carpaccio
Vis	646-647	225-226	305-306	**Peinture/Amour:** Carpaccio faillit ranimer l'amour de Marcel pour Albertine
Vis	648-649	226-227	306-308	**Peinture:** visite à Padoue pour la chapelle de Giotto
Lit Vis	650	229	309 310	**Comparaison/Littérature:** Marcel dans Venise est comme un personnage des *Mille et Une Nuits* **Comparaison/Peinture:** ciel comparé à un jardin de Delft ou de Haarlem
Vis	651	229-230	310	**Comparaison/Littérature:** ruelles comme dans les contes orientaux
Mus Lit	652	231	311 312	**Musique/Amour:** Marcel entend un musicien chanter *Sole Mio* **Comparaison/Littérature:** pour Marcel resté seul, Venise apparaît comme une fiction mensongère
Mus Lit	653	231	312	**Musique/Amour:** Marcel écoute avec attention *Sole Mio* **Comparaison/Théâtre:** pont comparé à un acteur dont on sait qu'il n'est pas Hamlet
Mus	653-655	232-233	313-314	**Musique/Amour:** Marcel écoute la musique, et se lève enfin
Lit	657	236	317	**Littérature/Société:** la mère de Marcel méprise le « Sévigné de tout le monde »

Le Temps retrouvé

Art	Page PL 54	Page PL 89	Page G-F 86	SOMMAIRE
Vis	691	*	*	**Peinture:** Gilberte peint dans la chapelle du château [ne figure ni dans PL 89, ni dans G-F 86]
Lit		*	*	**Vocation artistique:** Marcel sent qu'il ne sera jamais écrivain [ne figure ni dans PL 89, ni dans G-F 86]
Lit	696	*	*	**Comparaison/Littérature:** l'abîme entre Marcel et les filles est aussi imaginaire que l'abîme de Pascal [ne figure ni dans PL 89, ni dans G-F 86]
Vis	698	275	59	**Architecture/Temps:** le clocher de l'église de Combray
Lit	702	280	65	**Comparaison/Théâtre:** Gilberte fardée comme une actrice
Lit	706	284	69	**Comparaison/Littérature:** aimer est « un mauvais sort comme ceux qu'il y a dans les contes »
Lit		285	70	**Littérature/Société:** Gilberte lit *La Fille aux yeux d'or*
Lit	709-717	287-295	73-82	**Création littéraire:** le journal des Goncourt
Vis	717	295	82	**Elstir:** la lecture du journal des Goncourt donne à Marcel l'envie de demander des détails sur Elstir
Lit		296		**Littérature/Temps:** cette lecture fait revivre le passé du narrateur; citation inexacte d'un vers de Victor Hugo
Lit	718	296	83	**Vocation artistique:** cette lecture fait réfléchir le narrateur sur sa vocation manquée
Vis	719	297	84-85	**Peinture:** portraits et vérité d'art
Art			85	**Vocation artistique:** indifférence de Marcel sauf si le désir de voir quelque chose ou quelqu'un est éveillé par l'art
Lit	720	298	85	**Littérature/Société:** valeur de la vie et de la lecture
Mus				**Vinteuil/Bergotte/Elstir:** leurs défauts
Vis				**Littérature/Société:** l'homme et l'œuvre (exemples
Lit				d'Elstir, Balzac et Swann) [en note dans PL 54]

Art	Page PL 54	Page PL 89	Page G-F 86	SOMMAIRE
Lit	754	333-334	125	**Littérature/Temps:** Saint-Loup parle de la guerre et ne craint pas de faire allusion à certains écrivains
Mus				**Musique/Temps:** de même Saint-Loup n'hésite pas à parler de musique allemande
Mus	758-759	338	129-130	**Comparaison/Musique:** Saint-Loup compare les aviateurs aux Walkyries
Vis	759	338	130	**Comparaison/Peinture:** plans parallèles comme dans un tableau du Greco
Lit				**Comparaison/Théâtre:** gens en chemise à cause d'une alarme comparés à des personnages de vaudeville
Lit		339		**Comparaison/Littérature:** l'hôtel Ritz comparé à l'Hôtel du Libre échange
Lit		340	135	**Littérature/Temps:** Saint-Loup cite trois vers de Baudelaire en se souvenant de Doncières
Lit	760	341	135	**Comparaison/Littérature:** un général est comparé à un écrivain
Lit	761	339	133	**Comparaison/Théâtre:** Saint-Loup reprend comme un acteur le rôle de Charlus
Vis	763	342	137	**Comparaison/Peinture:** Paris bigarré comme une ville de Carpaccio
Lit	766	345	140	**Littérature/Société:** Charlus est en quelque sorte un poète mondain
Lit	767	346	142	**Littérature/Amour/Temps:** chroniques de Morel sur Charlus
Mus		347		**Littérature/Musique:** titre d'un article emprunté à Beethoven
Lit	768	347	142-143	**Bergotte:** les styles des articles de Morel dérivent de la conversation de Bergotte [en note dans PL 54]
Lit	769	348	144	**Littérature/Société:** Cottard en uniforme de *l'Ile du Rêve*

Art	Page PL 54	Page PL 89	Page G-F 86	SOMMAIRE
Lit	795	374	173	**Littérature/Art/Société:** Charlus cite Barrès à propos d'« art déraciné »
Vis				**Art/Temps:** ancêtres des Guermantes dans les vitraux et les armoiries de l'église de Combray
Vis				**Art/Temps:** l'église de Combray a été détruite par la guerre
Vis				**Art/Temps:** Charlus parle de la cathédrale de Reims
Lit	795-796	374-375	174-175	**Littérature/Temps:** Charlus commente ce qu'a dit Barrès sur la cathédrale de Reims
Lit	797	376	176	**Littérature/Temps:** Charlus fait allusion à l'*Aimée de Coigny* de Maurras que Marcel lui avait fait lire autrefois
Lit	798	377	177	**Littérature/Temps:** rôle de la femme dans les civilisations guerrières et dans la littérature
Vis	800	379	180	**Comparaison/Peinture:** Paris « aussi irréelle qu'un décor de peintre »
Lit				**Comparaison/Théâtre:** Charlus « noble comme une espèce de Saint-Vallier ou de Saint-Mégrin »
Vis	803	381-382	183	**Architecture/Temps:** beauté et fragilité des monuments de Paris
Mus	806	385	186	**Musique/Temps:** on ne fait plus de musique à Paris parce que c'est la guerre
Vis			187	**Art/Temps:** les tableaux et statues sont envoyés à Bayonne
Vis	807	386	188	**Comparaison/Architecture:** les poilus sont aussi beaux que la cathédrale de Rouen selon Charlus
Lit	808	387	189	**Vocation artistique:** Charlus dit à Marcel qu'ils ont été trop dilettantes
Vis	809	388	190	**Comparaison/Peinture:** Paris comme dans un tableau d'Orient par Decamps, Fromentin, Ingres ou Delacroix
Lit				**Comparaison/Littérature:** Paris comme dans *Les Mille et Une Nuits*

Art	Page PL 54	Page PL 89	Page G-F 86	SOMMAIRE
Mus	847	425	233	**Musique/Temps:** les derniers mots de Saint-Loup à Marcel étaient ceux qui commencent un lied de Schumann
Lit	854-856	433-434	242-244	**Vocation artistique:** les regrets du narrateur de ne pas avoir de dons littéraires
Lit	856	435	244	**Vocation artistique:** ce n'est donc pas la peine qu'il renonce au monde
Vis				**Comparaison/Vitrail:** le nom de Guermantes reprend le charme qu'il avait quand Marcel passait devant le vitrail de Gilbert le Mauvais
Lit	859	437	247	**Comparaison/Théâtre:** chemin comme celui que Marcel faisait quand il allait voir les affiches de *Phèdre* ou du *Domino noir*
Lit		438	248	**Comparaison/Théâtre:** Charlus comparé au roi Lear
Lit	860	439	249	**Comparaison/Théâtre:** le salut de Charlus est plus expressif qu'un chœur de Sophocle ou qu'une oraison funèbre
Lit	861	439	249	**Comparaison/Littérature:** le coup de chapeau de Charlus à l'éloquence de Bossuet
Lit	865-871	443-449	254-261	**Création littéraire:** Marcel, avant la matinée Guermantes, prend la décision d'entreprendre son œuvre
Lit	871	450	262	**Bergotte:** il n'avait pas dit faux en parlant des joies de la vie spirituelle
Vis	873	452	264	**Comparaison/Art:** spectacles de la mémoire volontaire comparés à « un cahier d'aquarelles »
Art	875	454	266	**Art/Société/Amour:** art plus réel que l'amitié
Mus	877	455	268	**Création littéraire:** un concert de Vinteuil avait fait sentir au narrateur qu'il pouvait atteindre ce qu'il croyait irréalisable

Art	Page PL 54	Page PL 89	Page G-F 86	SOMMAIRE
Lit	918-919	497	317	**Création littéraire:** le genre de sensations qui conduisent à l'œuvre d'art
Lit				**Littérature/Temps:** écrivains et époques
Lit	919-920	497-499	317-319	**Création littéraire:** impressions analogues chez d'autres écrivains
Lit	920	499	319	**Comparaison/Littérature:** moustaches comme s'il restait du gel de la forêt du Petit Poucet
Lit	921	500	320	**Comparaison/Théâtre:** gens du monde comparés à acteurs et public
Lit	922	501	321	**Comparaison/Théâtre:** Charlus et d'Argencourt comparés à des personnages de théâtre
Lit				**Comparaison/Littérature:** d'Argencourt en général Dourakine
Lit	930	508	330	**Création littéraire:** le narrateur découvre l'action destructrice du temps au moment même où il a décidé de commencer son œuvre
Lit	932	510-511	332	**Création littéraire:** les altérations dues au temps feront partie de l'œuvre
Vis	934	513	335	**Comparaison/Sculpture:** Legrandin comparé à une statue [en note dans PL 54]
Vis	935-936	513	334-335	**Comparaison/Art:** le temps comparé à un artiste inexact
Vis	936	514	336	**Art/Temps:** Ski est « un essai informe », ce qui confirme les théories de Marcel sur l'art
Vis	938	518	340	**Comparaison/Peinture:** traits rigides d'un comte comparés à ceux d'une étude de Mantegna ou de Michel-Ange

Art	Page PL 54	Page PL 89	Page G-F 86	SOMMAIRE
Mus	942	523	346	**Comparaison/Musique:** le fou rire d'un ami est plus qu'une différence d'orchestration
Lit				**Comparaison/Littérature:** le narrateur se compare à Ulysse
Vis	945	521	343	**Comparaison/Sculpture:** les femmes belles s'effritent comme des statues
Vis	946	*	342	**Peinture/Société:** souvent elles ne vivent plus que pour un peintre cubiste [en note dans PL 54; ne figure pas dans PL 89]
Lit	947	525	348	**Comparaison/Théâtre:** les vieux font penser à des acteurs ou des mimes
Lit	950	528	352	**Comparaison/Littérature:** voix d'Odette comparée à celle des morts dans l'*Odyssée*
Lit	958	536-537	362	**Littérature/Société/Temps:** ouvrages de Bloch
Lit	959	538	364	**Comparaison/Théâtre:** Oriane comparée à Sarah Bernhardt [en note dans PL 54]
Lit	961	539-540	365	**Littérature/Société:** citations de Saint-Simon (à propos de généalogie)
Art	962	540	365-366	**Comparaison/Art:** aristocrates, religion et art
Lit	963	541	367	**Littérature/Société:** « Mme Leroi, une vieille amie de Bergotte »
Lit		542		**Littérature/Société:** Mme Leroi n'est pas mentionnée dans les Mémoires posthumes de Mme de Villeparisis
Lit	966	544	370	**Littérature/Société:** un marquis se fait présenter à Marcel parce qu'il connaît ses articles; on parle de Marcel à cause de ses articles

Art	Page PL 54	Page PL 89	Page G-F 86	SOMMAIRE
Lit	967	545	371	**Comparaison/Théâtre:** Bloch a le visage d'un vieux Shylock
Lit				**Création littéraire:** ces changements dans la société, dus au temps, vont servir à l'œuvre
Lit	968	546	372	**Littérature/Société/Temps:** Mme de Staël et la généalogie
Vis	972-973	551	377-378	**Elstir:** souvenirs liés aux tableaux d'Elstir
Lit	974	552	379	**Bergotte:** pendant des années il a paru à Marcel « un doux vieillard divin »
Lit	976	554	381	**Comparaison/Littérature:** le charme de la duchesse de Guermantes, comme celui de certaines pages de Bergotte, réside dans la mémoire et l'imagination
Vis	978	557	384	**Elstir:** mort de M. Verdurin accueillie par Elstir
Lit	981	559	387	**Comparaison/Théâtre:** critiques de la guerre comparés aux critiques de Molière
Lit	982	560-561	388	**Littérature/Temps:** Marcel est impressionné de voir revenir dans la vie réelle des noms qui apparaissent chez Mme de Sévigné ou dans *Les Mille et Une Nuits*
Vis	983	560	389	**Comparaison/Peinture:** il faudrait peindre la guerre comme Elstir peint la mer
Lit		561		**Comparaison/Peinture:** ou comme Dostoïevsky raconte la vie
Art				**Art/Société:** Gilberte a un penchant pour une existence artistique
Lit	984	562	390	**Littérature/Société/Temps:** Rachel doit réciter *Le Souvenir* de Musset et des fables de La Fontaine
Lit	985-987	563-564	392-393	**Création littéraire:** décision du narrateur de renoncer au monde pour se consacrer à l'œuvre

Art	Page PL 54	Page PL 89	Page G-F 86	SOMMAIRE
Lit	1006	583	415	**Littérature/Société/Amour:** la duchesse de Guermantes cite un vers de Victor Hugo à propos des amours de son mari
Lit	1009	586	418	**Littérature/Société:** « littérature genre Meilhac, esprit des Guermantes »
Art	1011	588	421	**Art/Société/Temps:** la duchesse de Guermantes remarque que les modes reviennent
Lit	1012-1013	589-590	422-423	**Création littéraire:** les jugements de la duchesse intéressants parce qu'ils marquent « une heure nouvelle sur le cadran »
Lit	1015	592	425	**Comparaison/Théâtre:** la vie des actrices ressemble souvent à leurs pièces
Lit	1018	595	429	**Comparaison/Théâtre:** le duc de Guermantes comparé à un roi de théâtre
Art Vis	1019	596	429 430	**Art/Temps:** vieillesse de Mme de Guermantes **Peinture/Temps:** Odette et le duc de Guermantes sous les tableaux de Swann
Lit Lit	1020	597	431	**Comparaison/Théâtre:** le duc de Guermantes comparé à un risible Géronte **Vocation artistique:** Odette raconte ses amours à Marcel car elle le croit écrivain
Lit	1023	600	434	**Création littéraire:** ces renseignements seront en fait utilisés
Vis Vis Mus	1025 1025-1026	602	436 437	**Art/Société:** la nièce des Saint-Euverte, allongée sur sa chaise longue, veut faire un effet genre Récamier **Art/Société/Temps:** la duchesse de Guermantes a souvent changé d'avis sur le style Empire, David et Ingres **Musique/Société:** un jeune homme prend la *Sonate à Kreutzer* pour un morceau de Ravel
Lit	1026	603	438	**Vocation artistique:** la duchesse de Guermantes fait

Art	Page PL 54	Page PL 89	Page G-F 86	une allusion pleine de doute au travail de Marcel SOMMAIRE
Lit	1028	605	441	**Littérature/Société/Temps:** Mlle de Saint-Loup se mariera avec un homme de lettres obscur
Mus	1030	607	443	**Vinteuil:** son influence sur la vie de Marcel et sur d'autres vies
Vis	1031	608	443	**Elstir:** son influence sur la vie de Marcel
Lit			444	**Création littéraire:** il faut rendre une psychologie dans l'espace, suivant la dimension du Temps
Lit	1032-1048	609-625	445-463	**Création littéraire:** passage théorique sur le livre à faire
Vis	1032	609	445	**Comparaison/Sculpture:** le nez de Mlle de Saint-Loup semble sculpté
Vis	1033	610	446	**Comparaison/Architecture/Couture:** livre comparé à une cathédrale ou à une robe
Vis	1035	612	448	**Comparaison/Peinture:** le narrateur compare sa vie à celle d'un peintre
Vis	1043	620	458	**Comparaison/Littérature:** l'écrivain comparé à Elstir et Chardin
Vis	1045	622	459	**Comparaison/Peinture:** lois de la perspective comme dans un tableau

PARTIE II

Analyse des références
aux arts et à la littérature

Chapitre I
Etude quantitative des références
aux arts et à la littérature

MÊME APRÈS PLUSIEURS LECTURES attentives des 3 000 pages de *la Recherche,* il est difficile de dire quel art est le plus souvent mentionné, et de déterminer la longueur ou la fréquence des passages qui s'y réfèrent, alors que le lecteur est frappé d'emblée par la profonde intégration des arts dans le discours et la structure de l'œuvre. Pour avoir une idée exacte de l'importance du langage référentiel des arts dans l'ensemble du texte, il a fallu entreprendre un recensement minutieux de toutes les références à l'art et à la littérature qui y figurent. Sans vouloir faire d'une étude littéraire un compte rendu statistique, il apparaît cependant que seule une analyse systématique et quantitative de ces références permet de savoir de façon précise quel art intervient, à quel moment et endroit du texte il intervient, et quel volume lui est consacré. On se contentera pour l'instant de donner un aperçu du volume de ces références, à l'aide de trois tableaux et d'un diagramme, et d'indiquer les conclusions numériques que l'on peut tirer des données acquises. Les recherches numériques ont porté sur quatre catégories: la musique, les arts visuels, la littérature, et l'art en général, domaine vague qui ne représente d'ailleurs qu'une partie infime du langage référentiel des arts dans son ensemble.

Chaque tableau peut être interprété par une lecture verticale synchronique, ou horizontale et diachronique. Le premier tableau présente le nombre de lignes accordées à chaque domaine artistique dans chacun des livres et dans l'ensemble de *la Recherche,* et met en évidence l'importance quantitative de chaque art dans l'œuvre. Le nombre de lignes a été calculé dans le texte tel qu'il est présenté dans l'édition de la Pléiade 1954, à raison de quarante-trois lignes par page. Pour rendre cette tâche plus claire et plus aisée, les demi-phrases ont été arrondies en phrases entières, sans que cela nuise pour autant d'une manière significative aux résultats obtenus. Le

Tableau I

Nombre de lignes consacrées aux arts et à la littérature dans chaque livre de *la Recherche*

	CS	JF	CG	SG	P	F	TR	*la Recherche*
Nombre de lignes	18 232	22 532	25 671	22 790	17 458	11 567	15 351	133 601
Art (en général)	135	158	124	98	114	8	252	889
Musique	1 071	432	172	549	1 560	126	79	3 989
Arts visuels	1 407	2 532	1 051	737	571	269	427	6 814
Littérature	1 554	2 662	2 557	1 011	1 229	654	2 939	13 606
Total des lignes sur les arts	4 167	5 604	3 904	2 395	3 484	1 057	4 697	25 298

Tableau II

Pourcentage des lignes consacrées à chaque art dans chacun des livres de *la Recherche*

	CS	JF	CG	SG	P	F	TR	la Recherche
Nombre de lignes	18 232	22 532	25 671	22 790	17 458	11 567	15 351	133 601
Art (en général)	0,7 %	0,7 %	0,4 %	0,4 %	0,6 %	0,07 %	1,6 %	0,6 %
Musique	6 %	2 %	0,6 %	2,4 %	9 %	1 %	0,5 %	3 %
Arts visuels	8 %	10,5 %	4 %	3 %	3 %	2 %	3 %	5 %
Littérature	8,5 %	12 %	10 %	4 %	7 %	5,5 %	26 %	10 %
Pourcentage approximatif des lignes sur les arts par rapport à chaque livre et à la *Recherche* dans son ensemble	23 %	25 %	15 %	10 %	20 %	10 %	31 %	19 %
TOTAL	23,2 %	25,2 %	30 %	9,8 %	19,6 %	8,57 %	31,1 %	18,6 %

Tableau III

Pourcentage des lignes consacrées à chaque art à l'intérieur du langage sur les arts et la littérature dans chaque livre de *la Recherche*

	CS	JP	CG	SG	P	F	TR	la Recherche
Nombre de lignes	4 167	5 604	3 904	2 395	3 474	1 057	4 697	25 298
Art (en général)	3 %	3 %	3 %	4 %	3 %	0,7 %	3 %	4 %
Musique	25 %	8 %	4 %	22 %	58 %	12 %	2 %	15 %
Arts visuels	33 %	42 %	27 %	31 %	17 %	25 %	9 %	27 %
Littérature	37 %	48 %	85 %	42 %	35 %	62 %	84 %	54 %

Tableau IV

Courbe des pourcentages de lignes consacrées à chaque art dans chaque livre de *la Recherche* (cf. Tableau III)
1: Littérature   2: Arts visuels   3: Musique   4: Arts en général

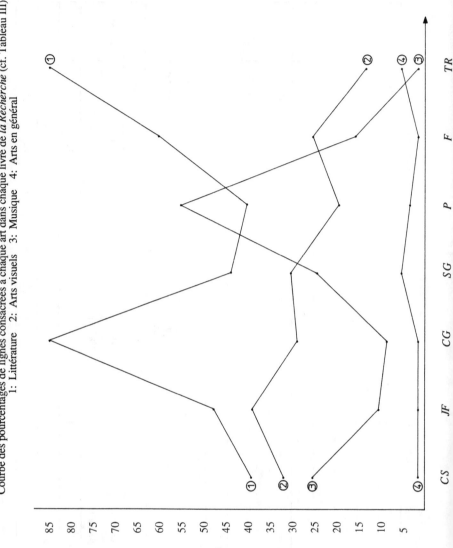

deuxième tableau, s'appuyant sur les résultats du premier, indique le pourcentage des lignes consacrées à chacun des arts par rapport à l'ensemble du texte de chaque livre de *la Recherche,* et par rapport au texte de *la Recherche* dans sa totalité. Le troisième tableau est une autre interprétation du premier: il indique le pourcentage des lignes consacrées à chaque art par rapport au langage référentiel des arts dans chaque livre, et dans l'ensemble de l'œuvre. Il permet d'y voir, en quelque sorte, la « hiérarchie » numérique des arts. Un diagramme récapitulatif présente enfin les courbes de pourcentage du langage référentiel de chaque art dans chaque livre de *la Recherche.*

En réunissant toutes les références aux arts et à la littérature dans l'œuvre (19% du texte total), on obtiendrait un livre d'environ 600 pages, soit à peu près la longueur de *Guermantes,* qui est le plus long de l'œuvre. Pour avoir une autre idée du volume du langage référentiel des arts, on pourrait dire que si on répartissait également ces références sur l'ensemble du texte, on en lirait huit lignes environ dans chaque page de l'œuvre entière, ce qui représente environ un cinquième de chaque page.

Le volume du langage référentiel des arts observe la courbe suivante: très important dans *Swann* et *Jeunes Filles,* il baisse de plus en plus dans *Guermantes* et *Sodome et Gomorrhe,* augmente dans *La Prisonnière,* diminue de nouveau dans *La Fugitive,* et revient finalement encore plus fort dans *Le Temps retrouvé,* où il constitue 30% du texte.

Les références à la littérature représentent 54% du langage référentiel des arts dans son ensemble, et 10% du texte entier. Elles sont prépondérantes dans chaque livre, sauf dans *La Prisonnière,* où la musique domine, et envahissent 84% du langage référentiel des arts dans *Le Temps retrouvé.* Les références aux arts visuels représentent 27% du langage référentiel des arts dans son ensemble et 5% du texte entier (soit deux fois moins que celles à la littérature). Elles ne dominent dans aucun des livres, mais dans certaines parties de l'œuvre[1]. Bien qu'elles occupent une place sensiblement égale à celle des références à la littérature dans *Swann* et *Jeunes Filles,* cette place diminue de plus en plus au profit de la littérature à partir de *Guermantes* et surtout dans *Le Temps retrouvé.* Les références à la musique

---

[1]Ce sont:

    —*CS:* 3ème partie: *Noms de pays: le nom.*
    —*JF:* 2ème partie: *Noms de pays: le pays.*
    —*SG:* 2ème partie: chapitre II.

n'occupent que 15% du langage référentiel des arts, et 3% du texte entier, c'est-à-dire environ un tiers du volume du langage référentiel de la littérature, et un peu plus de la moitié de celui des arts visuels. Elles dominent toutefois dans *La Prisonnière*, où elles représentent 58% du langage référentiel des arts dans son ensemble, et dans quelques parties de l'œuvre[2]. C'est l'art dont le langage référentiel a le volume le plus variable: 58% dans *La Prisonnière,* 2% dans *Le Temps retrouvé.* Les références à l'art en général, pratiquement inexistantes, ne représentent que 4% du langage référentiel des arts dans son ensemble, et seulement 0,6% du texte entier. Il est néanmoins intéressant de constater que leur place est à peu près constante dans chacun des livres, excepté dans *Le Temps retrouvé*, où elles dépassent le langage référentiel de la musique, et où le passage principal qui leur est consacré est à dominance théorique.

En observant la répartition du volume des références de chaque art par rapport au texte dans son ensemble, on peut noter que le langage référentiel de la littérature a un volume semblable dans *Swann, Jeunes Filles, Guermantes* et *La Prisonnière*, et qu'après avoir nettement baissé dans *Sodome et Gomorrhe* et *La Fugitive*, il est prédominant dans les passages critiques du *Temps retrouvé*. Le langage référentiel des arts visuels, qui a un volume semblable à celui du langage référentiel de la littérature dans *Swann* et surtout dans *Jeunes Filles*, où il domine, diminue à partir de *Guermantes* jusqu'à la fin de l'œuvre. Le langage référentiel de la musique, comme cela a déjà été souligné, a un volume extrêmement variable tout au long de l'œuvre. Il est surtout important dans *La Prisonnière*, puis dans *Swann*, devient négligeable dans *Jeunes Filles, Sodome et Gomorrhe, La Fugitive,* et disparaît presque complètement dans *Guermantes* et surtout dans *Le Temps retrouvé.* Le volume du langage référentiel de l'art en général occupe une place semblable dans *Swann, Jeunes Filles,* et *La Prisonnière* (0,7%), puis dans *Guermantes* et *Sodome et Gomorrhe* (0,4%): il disparaît presque totalement dans *La Fugitive*, mais revient en force dans *Le Temps retrouvé.*

De ces remarques, une première conclusion se dégage: le volume des références aux arts, et leur répartition, suivent et respectent la structure narrative du texte. La place prépondérante du langage référentiel de la litté-

---

[2]Ce sont:
   —*CS:* 2ème partie: *Un Amour de Swann.*
   —*SG:* 2ème partie: chapitre IV.

rature dans *Le Temps retrouvé*, où il s'agit surtout de passages réflexifs, correspond à la phase préparatoire du personnage Marcel décidant de devenir narrateur, et élaborant la théorie de son œuvre future. Cette place est importante aussi dans *Swann*, où on est témoin de la formation littéraire du jeune Marcel, racontée par un narrateur débutant. La fascination de Marcel pour Bergotte et La Berma y joue d'ailleurs un rôle capital. Mais la place accordée à la littérature commence à diminuer avec l'entrée dans le monde, dans *Guermantes,* et surtout avec la narration des amours dans *Sodome et Gomorrhe, La Prisonnière* et *La Fugitive*.

Le rapport étroit entre la structure narrative et le volume des références aux arts s'observe également pour les arts visuels. Dans *Swann*, leur place est importante car c'est le premier contact de Marcel avec les œuvres d'art visuelles, surtout architecturales, et les noms, venus de la littérature et évoquant des monuments tels l'église de Balbec ou Saint-Marc à Venise. Leur rôle s'accentue encore dans *Jeunes Filles*, et ce fait n'est pas sans relation avec la rencontre d'Elstir. Par contre, dans *Le Temps retrouvé,* la place très mince attribuée aux arts visuels peut s'expliquer en partie par le fait que dans ce texte, le héros est en train de prendre la décision d'être écrivain, et non pas peintre, comme il l'avait autrefois envisagé.

Le volume des références à la musique est très bas dans *Combray,* mais augmente nettement dans *Un Amour de Swann* (Swann y écoute la petite phrase de Vinteuil, sans pour autant savoir qu'il s'agit du musicien de Combray)[3]. Il atteint son maximum dans *La Prisonnière*, où Marcel entend le septuor qui unit l'œuvre de Vinteuil. Après ce livre, du reste, la musique n'interviendra guère. Serait-elle liée à l'amour d'une femme, ou plutôt d'une homosexuelle, comme Odette ou Albertine, ou s'agirait-il d'une coïncidence? Toujours est-il que dans *La Fugitive* et *Le Temps retrouvé*, il n'est plus question de ces deux femmes, ni de musique. *La Fugitive* se termine sur la scène où Marcel, doublement abandonné par Albertine qui l'a quitté, et par sa mère, déjà partie à la gare, écoute *Sole Mio*. La musique semble ainsi aider à structurer les cinq premiers livres de *la Recherche*, de *Swann* à *La Prisonnière*, mais dans *Le Temps retrouvé*, où la décision

---

[3]Le lecteur ne le sait pas non plus. Il faut également remarquer que si le personnage de Marcel est exposé aux arts visuels et à la littérature dès *Combray*, il n'entend pas d'œuvres musicales pendant son enfance (bien qu'il soit capable de jouer du Wagner dans *P,* ce qui suppose qu'il ait appris le piano dans sa jeunesse): du moins le narrateur n'en a-t-il pas le souvenir, ou juge inutile de le raconter.

d'écrire est prise, elle ne compte guère, si ce n'est lorsque les sensations musicales aident Marcel à découvrir sa vocation.

Enfin, la place minime des références à l'art en général laisse à penser que le narrateur préfère les exemples spécifiques, empruntés à tel ou tel art, et l'augmentation de leur nombre dans *Le Temps retrouvé* manifeste peut-être de son but de dégager une théorie générale sur l'art.

Chapitre II
Les Comparaisons artistiques

QU'IL S'AGISSE DE DESCRIPTIONS de personnes ou de lieux, de réflexions sur l'art, la philosophie ou d'autres sujets, pour Proust, « penser, c'est comparer ». Georges Cattaui a remarqué que *la Recherche* empruntait « plus encore à l'art qu'à la vie elle-même »[4]. Cette remarque souligne l'omniprésence des arts et de la littérature comme termes de comparaisons diverses. Les comparaisons artistiques ne constituent cependant qu'une faible partie des références aux arts et à la littérature, mais l'impression contraire créée par leur répétition mérite qu'on y consacre une attention particulière. Un cinquième et dernier tableau à double entrée indique donc leur nombre par catégorie d'art et par livre de *la Recherche* (voir Tableau V). Dans ce tableau, on remarque qu'il y a à peu près autant de comparaisons littéraires que de comparaisons picturales (trois comparaisons de plus seulement pour les arts visuels), et que les comparaisons musicales sont deux fois moins nombreuses. C'est surtout dans *Swann, Jeunes Filles, Guermantes* et *La Prisonnière* que se trouvent les comparaisons picturales. Dans les autres livres, ce sont les comparaisons littéraires qui dominent, sans être toutefois aussi nombreuses. Les comparaisons musicales sont en deuxième position dans *La Prisonnière* et *La Fugitive*. Celles avec l'art en général sont très rares et observent à peu près les mêmes proportions que les autres dans *Swann, Jeunes Filles, Guermantes* (4, 5, 6) et dans les quatre derniers livres (1, 2, 1, 1). On note également que le nombre de comparaisons diminue nettement à partir de *Sodome et Gomorrhe*. Bien que le nombre de lignes accordées aux arts soit supérieur dans *Le Temps retrouvé* à celui qu'on trouve dans *Swann* (4.697 par rapport à 4.167), il y a cependant beaucoup moins de comparaisons dans *Le Temps retrouvé* (75 par rapport à 102).

---

[4]Georges Cattaui est cité par Bruce Lowery, dans *Marcel Proust et Henry James* (Paris: Plon, 1964), p. 37.

Tableau V
Nombre de comparaisons artistiques

	CS	JF	CG	SG	P	F	TR	Total
Comparaisons picturales	53 1-26 2-19 3- 8	63 1-19 2-44	76 1-39 2-37	20 1-1 2-8 6 2 3	40	7	26	285
Comparaisons littéraires	32 1-18 2-9 3-5	53 1-17 2-36	61 1-28 2-33	48 1-6 2-12 5 13 2	33	16	39	282
Comparaisons musicales	13 1-7 2-3 3-3	27 1-7 2-20	21 1-8 2-13	11 1-3 2-4 3 1 0	39	12	9	132
Comparaisons avec l'art en général	4	5	4	1	2	1	1	18
TOTAL	102	148	162	80	114	36	75	717

Si on admet qu'une comparaison occupe en moyenne deux lignes du texte, au maximum, alors seulement 1.434 lignes de *la Recherche* (717 comparaisons) sont formées par des comparaisons, pour l'ensemble des références aux arts et à la littérature (25. 298 lignes)[5]. Il est curieux de noter que la proportion de comparaisons artistiques dans l'ensemble des références à chaque art n'est pas la même pour chaque art:

—Comparaisons picturales:
  8% des références aux arts visuels [(285 x2): 6. 814]
  et 1% des références aux arts et à la littérature.
—Comparaisons littéraires:
  4% des références à la littérature [(282x2): 13. 606]
  et 2% des références aux arts et à la littérature.
—Comparaisons musicales:
  6% des références à la musique [(132x2): 3.989)]
  et 1% des références aux arts et à la littérature.

Ce sont donc les arts visuels qui fournissent le plus de comparaisons, suivis de la musique; la littérature, bien que prédominante dans l'ensemble des références aux arts, renferme proportionnellement beaucoup moins de comparaisons.

D'un point de vue structural, il est intéressant de remarquer que les comparaisons picturales reviennent de moins en moins à partir de *Sodome et Gomorrhe*. Roger Allard a remarqué: « Encore faut-il observer à mesure que l'on avance dans son œuvre, les allusions à la peinture se font plus rares. En pleine possession du sien propre, l'auteur n'emprunte plus si volontiers aux œuvres d'art des équivalences qui ne sauraient jamais contenter sa volonté d'une expression totale et directe »[6]. Cependant, peut-on conclure avec lui que le rôle de l'allusion artistique chez Proust serait de pallier aux difficultés d'expression du début? Le rôle narratif de ces allusions semble prouver que non, de même que l'ordre d'écriture de *la Recherche* (*Le Temps retrouvé* fut écrit après *Swann*). Jacques Nathan déclare à ce sujet que « les allusions à la littérature et aux arts plastiques dégénèrent assez souvent en un jeu de société très en vogue aux alentours de

---

[5]cf. tableau I, p 144.
[6]Roger Allard, cité par Jacques Nathan, *Citations, Références et Allusions de Marcel Proust dans* « *A la recherche du temps perdu* » (Paris: A.G. Nizet, 1969), pp. 20-21.

1900, celui des 'ressemblances' ». Après avoir justement remarqué que ces ressemblances sont transportées dans le roman où elles sont découvertes par Swann ou le narrateur, il indique que toutefois elles « n'aident guère le lecteur à se représenter les personnages » et se demande: « Proust a-t-il pu croire que ce lecteur avait dans l'esprit les traits du Mahomet II de Bellini, du Loredan de Rizzo, et surtout les quatorze figures allégoriques qui ornent l'Arena de Padoue? »[7].

Bien que les intentions de l'auteur soient hors de portée et que cette étude n'ait aucune intention de les découvrir, on pourrait, en réponse à Nathan, avancer l'hypothèse suivante. Dès le début de l'œuvre, le lecteur est témoin de la fascination de Marcel pour les lieux, les monuments, les tableaux et autres œuvres d'art, dont sa seule connaissance se limite pourtant à la lecture d'un roman, ou à des photos de reproductions. Sa fascination devient désir, désir de voir réellement les œuvres tant imaginées. Or Marcel-lecteur passionné et Marcel-écrivain sont un seul et même personnage, le narrateur. Celui-ci s'adresse à un autre personnage, le lecteur qui est en train de lire *la Recherche,* et le fait de plus en plus directement vers la fin de l'œuvre (III, 46, 142, 235, 347)[8]. Le lecteur se trouve donc en quelque sorte sollicité par le texte qu'il vient de lire, et peut être tenté de revoir *La Charité* de Giotto ou de relire *Les Mille et Une Nuits.* Un commentaire de Simone Kadi va dans le sens de cette hypothèse: « cette emprise du critique sur le lecteur est semblable à celle du créateur sur le lecteur, et semble être confirmée par l'attitude de plusieurs personnages de *la Recherche.* On se rappellera que les goûts, les opinions d'un Elstir, d'un Bergotte, sont révérés par le narrateur, qui à son tour, devient, adulte, le maître à penser non seulement d'une Albertine, mais des Guermantes comme Swann l'avait été »[9]. Le narrateur pourrait donc très bien passer au stade suivant et devenir le maître à penser du personnage extra-diégétique: le lecteur. De là à conclure que Proust, si on l'identifie au narrateur de *la Recherche,* a utilisé cette technique uniquement dans cette optique paraît arbitraire et incomplet.

---

[7]Nathan, p. 21.

[8]Pour une étude du narrataire dans *la Recherche,* consulter le livre de Pascal-Alain Ifri, *Proust et son Narrataire dans « A la recherche du temps perdu »* (Paris: Droz, 1983).

[9]Simone Kadi, *Proust et Baudelaire: influences et affinités électives* (Paris: La Pensée Universelle, 1975), pp. 169-70.

Etienne Brunet a remarqué, dans ses analyses statistiques sur l'ensemble de *la Recherche,* l'absence du monde du travail, du cadre de la vie quotidienne, du corps, des animaux, et des éléments de la nature[10]. Nous ajouterons que ce sont dans ces domaines que l'emploi de comparaisons artistiques est le plus fréquent. Elles portent sur les catégories suivantes: le monde extérieur, les êtres humains, la vie sociale, les sciences et les arts. Encadrant la première catégorie, les repères spatio-temporels permettent une première constatation: alors que l'Espace est évidemment rapproché des arts visuels, ce sont surtout les comparaisons musicales qui interviennent lorsqu'il s'agit du Temps. Les époques de l'année, les moments de la journée ressemblent, pour le narrateur, à des opéras ou des symphonies (I, 390, 670). Ce temps « musical », linéaire, s'opposant et s'unissant à la fois à l'espace « visuel », rejette la représentation spatiale du temps: faut-il y voir une condamnation inspirée par la critique bergsonnienne? Cet exemple renforce la thèse selon laquelle la stylistique proustienne reflète les parti-pris esthétiques, sans qu'on puisse pour autant affirmer qu'elle en subisse directement l'influence.

Dans la catégorie du monde extérieur apparaissent d'abord les éléments naturels, pour lesquels des comparaisons picturales et musicales sont utilisées. Les flots du Grand Canal à Venise rivalisent de coloris avec les peintures du Titien, et leur écume semble avoir été délicatement dessinée par Pisanello (I, 399, 803). Un petit nuage « d'une couleur précieuse, pareil à celui, bombé au-dessus d'un beau jardin . . . du Poussin . . . , comme un nuage d'opéra . . . » annonce le ciel nuageux de Versailles « dans le style de Van der Meulen » (I, 395; II, 384). De sa fenêtre à Combray, le narrateur comtemple un clair de lune à la Hubert Robert, ou à la Gleyre, et à Paris admire: « comme un verre de Gallé, une veine de neige durcie . . . » (I, 114, 146; II, 392). Les divers tableaux de couchers de soleil sont autant d'« estampes japonaises », « toiles impressionnistes », « études de nuages », ou « harmonie gris et rose » de Whistler (I, 804-05). Le vent frappe au carreau avec l'émotion des « coups d'archet par lesquels débute la Symphonie en ut mineur » de Beethoven, et cette comparaison, qui a sans doute pour origine l'expression courante sur la musique du vent, surprend ici par sa spécificité (II, 346). La peinture sert souvent à décrire les éléments végétaux: les arbres semblent presque toujours « peints sur des

---

[10]Etienne Brunet, *Le Vocabulaire de Marcel Proust* (Genève-Paris: Slatkine-Champion, 1983).

toiles » (I, 158, 422) ou appartenir eux aussi à des estampes japonaises (II, 781; III, 736), et les fleurs paraissent avoir été arrangées par un peintre (I, 51). La littérature joue également un rôle dans les comparaisons de fleurs et même de légumes: les aubépines sont des « princesses de tragédie » (I, 145), les boutons d'or ont un nom de Princes de contes de fées (I, 168), et les asperges jouent des farces « poétiques et grossières comme une féerie de Shakespeare » (I, 121). Cette dernière comparaison combine les deux précédentes en mêlant l'élément féminin de tragédie et l'élément masculin du conte de fées. Lorsqu'on passe de la flore à la faune, l'accent est mis sur les comparaisons musicales et picturales: C'est d'abord le « petit concert » des mouches « comme la musique de chambre de l'été » à Combray (I, 83), puis les chevaux « comme on en voit dans les dessins de Constantin Guys » (I, 419), ou encore certains poissons dont le corps a « été construit par la nature, mais selon un plan architectural, comme une polychrome cathédrale de la mer » (I, 694-95).

En ce qui concerne le paysage en général, le narrateur passe indifféremment de la nature à l'œuvre d'art: de sa fenêtre de Balbec par exemple, il profite d'un spectacle dont il pourrait croire que ce « n'était qu'un choix, chaque jour renouvelé, de peintures » (I, 804-05). Par contre, lorsqu'il est question de lieux bâtis par l'homme, ce sont les comparaisons littéraires qui sont les plus fréquentes. Elles font souvent allusion à l'antiquité, à l'Orient et au théâtre. L'allée des Acacias est comparée à l'allée des Myrtes de l'*Enéide,* Venise et Paris aux villes mystérieuses des *Mille et Une Nuits* (I, 418; III, 650-51, 809). L'hôtel de Guermantes et celui de Balbec sont plantés comme des décors de roman ou de théâtre (I, 691; II, 434), ainsi que le confirme la comparaison du directeur de l'hôtel de Balbec à un metteur en scène et à un chef d'orchestre (I, 691), celle des chasseurs de l'hôtel à des chœurs (II, 803-04), et celle de la figure des sœurs Albaret à d'« admirables masques de théâtre » (II, 849). Cette technique d'encadrements successifs par le roman ou le théâtre crée un effet de perspective infinie, à la manière de miroirs se reflétant indéfiniment. Les objets d'utilité courante sont également magnifiés par les comparaisons musicales, picturales ou littéraires dont le narrateur se sert pour les décrire: la sonnerie du téléphone évoque pour lui un passage de *Tristan* de Wagner, et les meubles de Tante Léonie, retrouvés dans une maison close, lui rappellent les « objets en apparence inanimés d'un conte persan » (I, 578; II, 731).

Bien que ce soit les comparaisons littéraires qui dominent dans la catégorie des êtres humains, on trouve quelques références aux deux autres arts. Les odeurs, et en général ce qui peut être perçu par les sens (II, 422; III, 116, 635-36), de même que les visages, les démarches, les manières et autres traits physiques font souvent l'objet de comparaisons musicales, alors que les comparaisons picturales se réfèrent surtout aux parties spécifiques du visage, comme le nez, les cheveux, le front. La littérature intervient quelquefois pour rendre compte d'une particularité physique, et souvent s'ajoute à une autre comparaison artistique: le grain de beauté d'Albertine, auquel est comparée la petite phrase de Vinteuil, à son tour est comparé à un vers appris et su par cœur, qu'on retrouve avec étonnement dans une pièce où on ne l'attendait pas (I, 878). Le nom de certains personnages ressemble à un vitrail, tel celui du prince de Faffenheim-Munsterburg-Weinigen, ou celui des Guermantes (II, 256, 11; III, 856). On peut supposer que c'est l'aspect visuel du nom écrit qui appelle cette comparaison. Les noms ridicules eux semblent sortir d'un roman de Balzac, et ici c'est sans doute non leur aspect écrit, mais leur consonnance qui provoque la comparaison (II, 673).

L'aspect psychologique et moral des personnages est souvent esquissé à l'aide de comparaisons artistiques: les caractères héréditaires sont rapprochés de « thèmes expressifs inventés par des musiciens de génie » (I, 684). L'imagination, d'après le narrateur, ressemble à « un orgue de Barbarie détraqué qui joue toujours autre chose que l'air indiqué . . . », alors que les plus belles idées arrivent « comme des airs de musique qui nous reviendraient sans que nous les eussions jamais entendus . . . » (II, 42; III, 878). L'amour aussi est une musique connue, et « comme nous possédons sa chanson, gravée en nous toute entière nous n'avons pas besoin qu'une femme nous en dise le début . . . pour en trouver la suite » (I, 197). Les émotions, sentiments, sensations, et activités physiques et mentales empruntent également aux domaines visuel ou littéraire, en particulier théâtral: la mémoire peut recréer, à partir des traits indifférents d'une femme, une vision voluptueuse, « tout un tableau silencieux comme ceux que les peintres, pour tromper le gros des visiteurs, revêtent d'une toile décente », et le sommeil d'ivresse plonge le narrateur dans un rêve où sa vie lui est cachée « par un décor nouveau, comme celui planté tout au bord du plateau et devant lequel, pendant que, derrière, on procède aux changements de tableaux, des acteurs donnent un divertissement » (I, 818, 820). L'homosexualité est souvent ébauchée à l'aide de la musique: on se souvient de la rencontre de Charlus et Jupien et de la question « intensément posée à Jupien dans l'œillade de M. de Charlus, comme ces phrases interrogatives de Beethoven » (II, 605). Les divers groupes d'homosexuels sont comparés aux diverses sociétés de musique et d'ailleurs, la cause de sa sensibilité musicale pourrait même se trouver dans « les parties toutes physiques, dans les défectuosités nerveuses de M. de Charlus » (II, 619, 954; III, 206). Mais la situation précaire de l'homosexuel est encore plus souvent liée à la littérature. Il fait penser à ce « poète la veille fêté dans tous les salons, applaudi dans tous les théâtres de Londres, chassé le lendemain de tous les garnis . . . », dans lequel on a reconnu Oscar Wilde (II, 616)[11]. L'homosexuel solitaire est comparé à une « étrange Andromède qu'aucun Argonaute ne viendra délivrer », et Charlus et Jupien sont un instant identifiés à Roméo et Juliette (II, 626, 627).

Presque tous les personnages imaginaires de *la Recherche* sont associés à des œuvres d'art visuel et ces comparaisons sont trop nombreuses et assez connues pour qu'on ne puisse se dispenser d'en parler ici. Notons cependant que les femmes en général, les belles, les vieilles, et surtout celles de l'entourage du narrateur, sont très souvent comparées à des statues. D'abord Françoise, « immobile et debout dans l'encadrement de la petite porte du corridor comme une statue de sainte dans sa niche », puis les filles de Balbec, qui ressemblent à « des statues exposées au soleil sur un rivage de la Grèce », et aussi Gilberte, Odette, la mère et la grand-mère du narrateur, et Albertine (I, 53, 791; II, 367, 370, 389). Comme des statues, les belles femmes de la Matinée Guermantes, avec l'âge, commencent à s'effriter (III, 945).

Ce sont les comparaisons littéraires, et en particulier théâtrales qui dominent la description des relations sociales. En voici quelques exemples: la rencontre de la grand-mère du narrateur et de Mme de Villeparisis se passe « comme dans certaines scènes de Molière » (I, 694); les Verdurin ont l'air de « deux masques de théâtre qui figuraient différemment la gaîté », et d'après Swann, ils sortent « du théâtre de Labiche » (I, 262, 286). Il arrive à Norpois de parler « presque *a parte,* comme dans un effet de théâtre » (II, 259). Bloch, qui jeune avait « les gestes théâtraux et saccadés » des Juifs, ce qui déplaisait à Albertine, apparaît vingt ans plus tard à La Matinée Guermantes, « le visage presque effrayant, tout anxieux, d'un vieux Shylock attendant, tout grimé, dans la coulisse, le moment d'entrer en scène, récitant déjà le premier vers à mi-voix » (II, 408; III, 967). Les femmes aimées, telles Gilberte, Odette, Albertine, et Mme de Guermantes sont comparées à

---

[11]Jacques Nathan, p. 139.

des actrices, et avec la vieillesse, les personnages finissent même par ressembler à des mimes: «... la transformation était si complète, l'identité si impossible à établir ... que plus même qu'à l'art de l'acteur, c'était à celui de prodigieux mimes, dont Fregoli reste le type, que faisaient penser ces fabuleuses transformations » (I, 175, 420-21; II, 361; III, 702, 947). Deux cas semblent mériter une attention particulière parmi toutes les comparaisons théâtrales. Françoise, qui est comparée à un tragique grec, puis à Athalie, et même à La Berma, a donc le double statut d'actrice et de personnage (I, 53, 108; II, 735). Malgré « les tragédies d'arrière-cuisine », elle « s'ennuie, au sens cornélien du mot » (I, 122; II, 19). Le narrateur la compare également à des génies philosophiques et littéraires, tels Platon, Tacite, Pascal, Mme de Sévigné, La Bruyère, Saint-Simon, avant de la juger en fait supérieure à Bergotte (I, 697; II, 359, 23, 26; I, 492; III, 112). Si le baron de Charlus finit par avoir « la majesté shakespearienne d'un roi Lear » au cours de la Matinée Guermantes (III, 859, 922), dans sa jeunesse il ressemble plutôt à des héroïnes littéraires, auxquelles il s'identifie lui-même, telles la princesse de Cadignan dans Balzac, ou Ester et Andromaque (II, 1058; III, 323). Vers la fin de sa liaison avec Morel, c'est même à la Bible que Charlus fait appel, lorsqu'il se complaît à s'imaginer en archange Raphaël, et à voir en Morel le jeune Tobie (II, 1073-74; III, 324). L'humour des personnages est par ailleurs rapproché de celui d'écrivains contemporains: l'esprit des Guermantes, par exemple, rappelle celui de Mérimée, Meilhac et Halévy (I, 334; II, 496).

Dans la catégorie de la vie sociale, on remarque que les comparaisons artistiques se distribuent selon le rang qu'on y occupe. Les mondains ressemblent souvent à des personnages de tableaux, ou de romans de Balzac, Stendhal, Sand ou Dumas. Leurs toilettes, leur généalogie, leurs noms, leurs mariages, leurs vies elles-mêmes sont balzaciens ou stendhaliens (II, 376, 427, 564, 1084, 1090; III, 33, 220). Les autres classes sociales peuvent être réparties suivant le type de métier. Le narrateur, qui lui-même n'en a jamais exercé, semble avoir une vision artistique de ce genre d'occupation, et il est rare de trouver dans la Recherche un nom de métier qui ne soit associé à une comparaison artistique. Le jeune Marcel s'imagine que l'aubergiste de Balbec aura « l'aspect disputeur, solennel et médiéval d'un personnage de fabliau » et les « chefs de réception » de l'hôtel de Balbec observent Marcel d'un « regard de Minos, Earque et Rhadamante » (I, 388, 663). Si le boucher, les grooms de Sainte-Euverte, et la petite crémière paraissent sortir de tableaux, c'est à des musiciens, à leurs œuvres ou à leurs interprètes que sont comparés les officiers, les aviateurs, et tout le personnel de l'hôtel de Balbec, du directeur aux liftiers et chasseurs (I, 665, 706). On note d'ailleurs que la comparaison entre aviateur et Walkyrie entraîne celle des sirènes qui résonnent « comme un appel déchirant de Walkure » (III, 758, 777). La guerre est surtout associée à la littérature. D'après Saint-Loup, certaines tactiques militaires ne sont pas plus périmées que celles de *L'Iliade* (II, 112). Les offensives militaires, elles, peuvent provoquer des interprétations différentes, comme *Le Misanthrope* de Molière, et les situations politiques présentent quelquefois un côté rabelaisien: l'Affaire Dreyfus, pour M. de Norpois, rassemble les moutons de Panurge (III, 981; II, 246). Les salons sont bien sûr eux aussi associés à la littérature: Swann voit dans le salon Verdurin le dernier cercle de Dante et, bien des années plus tard, Marcel comparera le salon de lecture de l'hôtel de Balbec au Paradis et à l'Enfer de Dante (I, 287, 664).

La dernière catégorie regroupe les sciences et les arts. Le nom de Molière revient souvent quand il s'agit de médecine: les rages de dents sont « comme un vers de Molière que nous nous répétons sans arrêt » (I, 28). Lorsque sa grand-mère est malade, le narrateur souligne que « quand la servante disait: 'M. Dieulafoy', on se croyait chez Molière » (II, 324). Le vocabulaire utilisé par les médecins est également qualifié à plusieurs reprises de moliéresque (II, 641, 891, 964). Il s'agit donc surtout de références à la stylistique moliéresque. Du reste, hormis les médecins eux-mêmes, seuls le narrateur et Bergotte parlent de médecine (II, 300-06, 317, 325). Alors que les sciences physiques sont comparées à la littérature, les sciences du langage, telles la linguistique, la stylistique et la phonétique font par contre l'objet de comparaisons musicales. Citons par exemple les sonorités de noms, les tonalités de voix, les « cuivres phonétiques de la famille Bergotte », et le rire de Charlus pareil à une fugue de Bach (I, 554, 749, 764, 908-10; II, 560, 942). Ici les classes sociales trouvent un terrain commun, puisque la façon de s'exprimer des paysans de Combray ressemble elle aussi à une fugue de Bach, et celle de la duchesse de Guermantes à « une chanson populaire délicieusement française » (II, 728; III, 34). Pour le narrateur les appels des marchands dans la rue font penser à Moussorgsky, Debussy, Rameau, à des chants grégoriens, des psalmodies ecclésiastiques ou des déclamations lyriques (III, 116-18, 127, 136-38). L'art culinaire est relevé de nombreuses comparaisons artistiques dans *la Recherche*. Françoise, que le narrateur n'hésite pas à comparer aussi à Michel-Ange, compose ses menus comme elle composerait des morceaux de musique (I, 71, 445, 458). D'autres cuisiniers sont comparés à des sculpteurs et certains plats à poisson ressemblent à des céramiques de Bernard Palissy (II, 99, 118).

La tendance à la comparaison artistique culmine avec la comparaison des arts entre eux. La peinture, la haute couture, le théâtre et la littérature sont rapprochés de la musique: rappelons le long passage où le style de Bergotte est comparé à un air de musique (I, 93-97). A leur tour, musique et littérature sont rapprochées des arts visuels: Vinteuil, dont la petite phrase apparaît comme dans un tableau de Peter de Hooch, a peint une « grande fresque musicale » comme Michel-Ange, et a créé un univers, comme Elstir dans ses tableaux (I, 218; III, 254-55). La musique et les arts visuels sont finalement associés à la littérature, l'art de Vinteuil comparé à celui de Balzac, l'art d'autres musiciens à celui d'autres écrivains, et en général l'art du peintre à celui de l'écrivain (III, 160-61, 263, 907). Les artistes réels sont comparés à d'autres artistes, réels ou imaginaires: Wagner à Elstir et Carpaccio, Carpaccio à La Berma, Rembrandt à Beethoven, la comtesse de Noailles à Victor Hugo (I, 441; II, 107; III, 906). De même, certains artistes imaginaires ressemblent à des artistes réels: Vinteuil à Wagner et à Hugo, Legrandin à Barbey d'Aurevilly (I, 160; III, 163). Cependant, par rapport à la masse des comparaisons artistiques utilisées dans d'autres domaines, il y a relativement peu de comparaisons entre les différents arts.

Un renversement intéressant est à souligner dans une comparaison littéraire: alors que les femmes du monde au début de la *Recherche* étaient comparées à des héroïnes de roman ou à leurs auteurs, ce sont à leur tour les écrivains qui sont comparés aux femmes du monde dans *Le Temps retrouvé*. Par exemple, dans *Guermantes*, la duchesse de Guermantes par son étroitesse d'esprit fait penser aux critiques qui, pour paraître originaux, rejettent ce que leurs prédécesseurs avaient établi (II, 470). Plus loin la duchesse compare sa cousine et ses dîners à ces « auteurs constipés qui pondent tous les quinze ans une pièce en un acte ou un sonnet » (II, 487). Le charme de la duchesse, qui réside dans la mémoire et l'imagination, est semblable en cela à celui de certaines pages de Bergotte (II, 976). Mais bientôt le charme de l'un et l'autre seront dissipés, et le narrateur décide que, puisque les vieux écrivains cessent d'avoir du talent, on peut pardonner aux femmes du monde vieillissantes de n'avoir plus d'esprit (III, 1004). Et c'est dans « le même moule, la même intonation, le même sourire » de la duchesse, désormais vides de tout sens, qu'il découvre que Bergotte avait lui aussi gardé « ses mêmes coupes de phrase, ses interjections, ses points suspensifs, ses épithètes, mais pour ne rien dire » (III, 1005). Il y a donc un renversement dans les termes de la comparaison entre les femmes du monde et les écrivains, et peut-être se rapporte-t-il aux valeurs accordées à l'art et au monde, qui paraissent s'exclure mutuellement dans toute l'œuvre.

Dépassant le cadre de la narration et poussant la comparaison artistique à l'extrême, le narrateur annonce enfin, dans une phrase devenue célèbre: « Je bâtirais mon livre, je n'ose pas dire ambitieusement comme une cathédrale, mais tout simplement comme une robe » (III, 1033). Cette comparaison finale du narrateur à un architecte ou à un couturier fait pendant à la comparaison initiale des premières lignes du texte: « je n'avais pas cessé en dormant de faire des réflexions sur ce que je venais de lire, mais ces réflexions avaient pris un tour un peu particulier; il me semblait que j'étais moi-même ce dont parlait l'ouvrage: une église, un quatuor, la rivalité de François Ier et de Charles-Quint » (I, 3). Cette première comparaison, anodine en apparence, est néanmoins une mise en abyme subtile de l'œuvre et déjà fait éclater le cadre narratif, en annonçant que le narrateur est aussi le sujet du livre qu'on va lire. Ces deux comparaisons encadrent l'œuvre, et d'autres comparaisons entre le narrateur et des personnages littéraires: Joseph et le Pharaon de la Bible, Prométhée, Amphyon, l'architecte de la fable, Hercule; il se compare aussi à un héros de roman enfermé dans le présent, ce qui représente une autre mise en abîme de sa situation (I, 629, 720, 822; II, 88). Puis il passe à d'autres arts, se comparant à un musicien à son piano, et à Elstir (II, 568, 783; III, 106, 136, 988). Les sœurs Albaret, lors de son séjour à Balbec le traitent de Molière et plus tard, Albertine le compare souvent à Assuérus (II, 848; III, 18, 126). Vers la fin de sa liaison avec elle, il se compare à Shéhérazade (III, 131). S'agit-il ici d'une autre mise en abîme de son rôle de conteur, ou faut-il voir dans cette comparaison un aspect de l'inversion, comme nous l'avons vu pour Charlus, souvent comparé à des femmes? Le fait qu'Albertine sera elle-même comparée à un héros, Hippolyte, fait pencher pour la deuxième interprétation (III, 644). Enfin, dans une métaphore filée mais voilée par les nombreuses pages qui la divisent, le narrateur compare Françoise à la nourrice d'Ulysse, puis se compare lui-même à Ulysse (II, 988; III, 942). On pourrait voir dans cette comparaison un symbole de la quête accomplie, d'autant plus que d'autres comparaisons se réfèrent à l'Odyssée et à Homère dans la Matinée Guermantes (III, 950, 988).

Avant de conclure, une autre technique narrative mérite d'être soulignée: les comparaisons artistiques similaires, très fréquentes dans toute l'œuvre, et faisant appel à un ou plusieurs arts. Simone Kadi a rapproché les détails donnés sur la chevelure d'une jeune crémière et sur celle d'un valet de pied de l'hôtel de Saint-Euverte (III, 139; I, 324). Elle indique que « dans les deux cas, il emprunte des comparaisons à la nature brute et vivante »[12]. Aux « métaphores naturelles » viennent s'ajouter dans les deux exemples cités plus haut des comparaisons purement artistiques, lorsqu'il est question de « la stylisation sculpturale » de la chevelure de l'une, ou des mèches « traitées comme elles le sont dans la sculpture grecque » des cheveux de l'autre. Le narrateur a également recours dans ces deux descriptions aux formes géométriques: « les méandres isolés de névés parallèles » rappellent « l'enroulement lisse et les becs aigus de ses boucles ou . . . la superposition du triple et fleurissant diadème de ses tresses ». Par ailleurs, et s'ajoutant aux comparaisons similaires déjà notées sur les couchers du soleil et les arbres, les villages et la mer, où qu' ils se trouvent, semblent presque toujours appartenir à des tableaux de « primitifs » (I, 48, 387, 389, 392, 673, 681, 905; II, 324, 593). A ce phénomène de comparaisons similaires qui lient deux ou plusieurs éléments, correspond le phénomène des comparaisons doubles, qui unissent la littérature à un autre art: c'est le cas du grain de beauté d'Albertine, comparé à un scherzo ou à un vers d'une pièce de théâtre; celui aussi du directeur de l'hôtel de Balbec, comparé à un chef d'orchestre ou à un metteur en scène (I, 87-88, 691).

La vie elle-même de certains personnages de la *Recherche* est comparée à d'autres vies: Léonie, Françoise, et Swann auraient eu la vie de Saint-Simon, d'après le narrateur, qui, en donnant à ces trois personnages un terme commun, crée ainsi un lien inattendu entre eux (I, 118, 309). Le nombre des comparaisons artistiques provoque en effet une fusion étrange entre la vie réelle et la vie imaginaire, réconciliant le monde de l'imagination et celui de la réalité. Car, on l'a vu, des personnages réels sont comparés à des personnages imaginaires et inversement le réel sert à décrire l'imaginaire. De plus, cette fusion s'opère non seulement pour et entre les différents arts, mais aussi dans tous les domaines de la vie: actions, émotions, sentiments, rêves, situations, sommeil, amour, tactiques militaires, politique, sexualité, désir, mariage, prostitution, guerre et mort, où s'arrête la réalité, où commence l'imaginaire? Il est difficile d'en tracer les limites: Paris est « [une ville] aussi irréelle qu'un décor de peintre », aussi

---

[12]Simone Kadi, *La Peinture chez Proust et Baudelaire* (Paris: La Pensée Universelle, 1973), pp. 104-05.

cosmopolite que l'Orient de « Decamps, de Fromentin, d'Ingres, de Dela-croix », et des *Mille et Une Nuits* (III, 800, 809). Cette magie n'est pas unique à Paris: le narrateur la trouve aussi dans les tableaux de brume d'un « matin à Doncières » ou le soleil à Balbec (II, 346; I, 804). Georges Piroué a dit de la comparaison musicale qu'elle visait à « unir les aspects de la nature, l'attitude humaine, la réaction psychologique et la sensation que procure le son, sa hauteur, son rythme »[13]. Mais, nous l'avons vu, la comparaison picturale et la comparaison littéraire avec la couleur, la lumière, les styles et les formes, provoquent le même effet dans l'ensemble de *la Recherche* et traduisent, pour reprendre Piroué, une « obéissance aux lois du mélange des arts » et « la volonté de faire confluer l'artificiel et le réel dans une unique totalité »[14]. Cette volonté ne se limite cependant pas à la forme, mais participe à la structure profonde du texte, par un jeu infini de reflets entre les miroirs du monde réel et du monde imaginaire.

---

[13]Georges Piroué, *Proust et la Musique du Devenir* (Paris: Denoël, 1960), p. 170.
[14]Piroué, p. 172.

PARTIE III

Fonction narrative
des arts et de la littérature

Tableau VI
Intervention de la musique dans la structure narrative de *la Recherche*

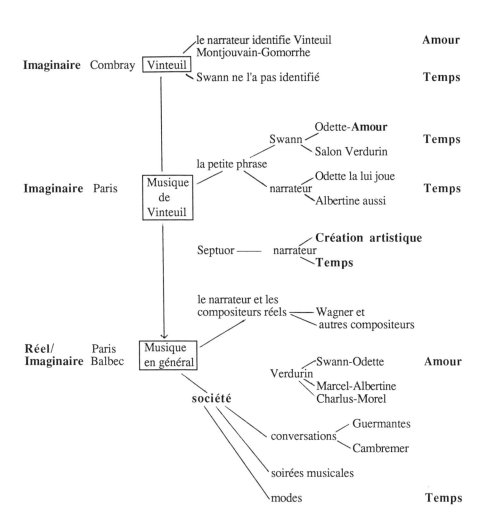

Tableau VII
Intervention des arts visuels dans la structure narrative de *la Recherche*

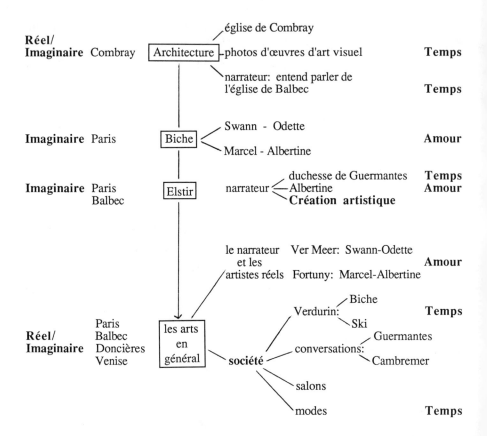

Tableau VIII
Intervention de la littérature dans la structure narrative de *la Recherche*

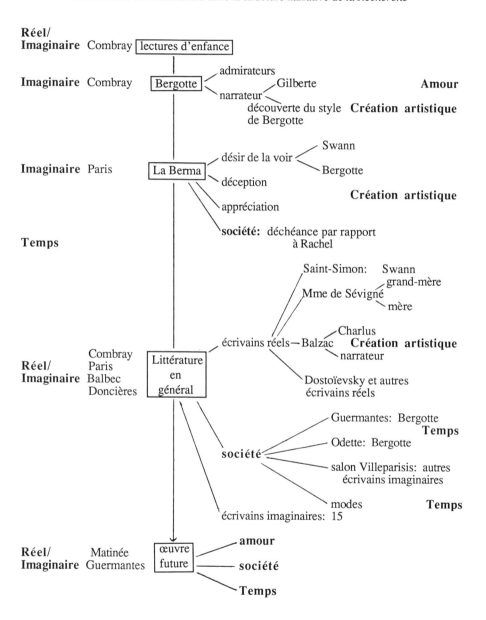

Réel/
Imaginaire Combray `lectures d'enfance`

Imaginaire Combray `Bergotte` admirateurs
Gilberte **Amour**
narrateur
découverte du style **Création artistique**
de Bergotte

Imaginaire Paris `La Berma` désir de la voir Swann
Bergotte
déception **Création artistique**
appréciation

Temps **société:** déchéance par rapport
à Rachel

Saint-Simon: Swann
grand-mère
Mme de Sévigné
mère

écrivains réels—Balzac Charlus
narrateur **Création artistique**

Réel/ Combray `Littérature`
Imaginaire Paris `en`
Balbec `général`
Doncières Dostoïevsky et autres
écrivains réels

Guermantes: Bergotte **Temps**

Odette: Bergotte

société salon Villeparisis: autres
écrivains imaginaires

modes **Temps**
écrivains imaginaires: 15

Réel/ Matinée `œuvre` **amour**
Imaginaire Guermantes `future` **société**
Temps

Fonction narrative des arts et de la littérature

LES DOMAINES ARTISTIQUES seront étudiés dans leurs rapports avec l'amour, la société, le temps, la dualité réel-imaginaire, et l'œuvre future, non pas en fonction de la valeur thématique de ces sujets, mais de leur rôle dans la structure narrative du texte.

Les trois tableaux précédents mettent en évidence l'intervention de chacun des arts dans l'ensemble de *la Recherche*. Toutefois, ces schémas n'indiquent ni la dimension temporelle, ni la possibilité de chronologie. Ils présentent cependant l'avantage d'éviter la discontinuité du découpage par livre, et de comparer le rôle de chaque art dans la structure narrative totale du texte. On peut y remarquer que les trois arts suivent le même modèle pour le temps, la dualité réel/imaginaire, et l'amour.

I. La Musique

Du côté de chez Swann:

La musique est le dernier art à être mentionné dans la chronologie de l'œuvre. Alors qu'il est question de littérature dès la première page de la *Recherche,* de peinture une quinzaine de pages plus loin, ce n'est qu'une centaine de pages après le début du texte (édition de La Pléiade 1954) qu'apparaît vraiment l'art musical; encore n'est-il présenté que de manière indirecte, puisqu'il sert seulement de point de comparaison au style de Bergotte[1]:

---

[1]D'autres comparaisons musicales ont précédé celles-ci: un instrument de musique sert à comparer le clocher, lorsque la grand-mère de Marcel dit: « Je suis sûre que s'il jouait du piano, il ne jouerait pas sec » (I, 63). Plus tard le narrateur nous apprend qu'un musicien a composé une mélodie sur des vers de Legrandin (I, 67). D'autres références apparaissent plus tard dans deux comparaisons, et lorsque le grand-père de Marcel chante (I, 71, 83, 91). Mais ce n'est qu'après que le narrateur commence vraiment à parler de musique (I, 93).

> Mais au sujet de Bergotte, il avait dit vrai. Les premiers jours, comme un air de musique dont on raffolera, mais qu'on ne distingue pas encore, ce que je devais tant aimer dans son style ne m'apparût pas. (I, 93)

Cette phrase annonce l'audition de la petite phrase de Vinteuil, et le passage suivant, qui décrit le style de Bergotte, utilise un vocabulaire à tendance musicale: « un flot caché d'harmonie, un prélude intérieur, soulevait son style » (I, 94). Les images littéraires réveillent un « chant de harpes » (I, 94). Il est question de son « flux mélodique », du « morceau idéal », et plus loin, le narrateur déclare: « Aussi, je lisais, je chantais intérieurement sa prose plus *dolce,* plus *lento* . . . » (I, 94, 95, 97). On ne peut cependant pas vraiment parler d'écriture musicale, car d'autres images, faisant appel à d'autres sens, interviennent: « effluves », « ondulations de la surface » (I, 95).

S'il y a donc dans *Combray* une trace musicale dans le langage du narrateur, la musique elle-même ne participe à la structure narrative du texte qu'à partir de l'apparition de Vinteuil. Apparition anodine en apparence, à l'église, pour le « mois de Marie » (I, 112). Le narrateur fait allusion à la sévérité de M. Vinteuil « pour le genre déplorable des jeunes gens négligés, dans les idées de l'époque actuelle » et annonce dans la phrase suivante: « C'est au mois de Marie que je me souviens d'avoir commencé à aimer les aubépines » (I, 112). Un passage descriptif sur les aubépines se terminant par une longue comparaison avec le « mouvement de tête étourdi et rapide . . . d'une blanche jeune fille, distraite et vive », est suivi immédiatement d'une phrase brève: « M. Vinteuil était venu se placer à côté de nous » (I, 112)[2]. L'alternance, dans la composition du texte, du mois de Marie, des aubépines, de Vinteuil et de sa fille (alternance qui se répète sur deux pages et demie et qui se termine par la comparaison du goût des aubépines et de celui des joues de Mlle Vinteuil) ne laisse aucun doute sur l'association étroite entre Vinteuil, sa fille et les aubépines. Quelques pages plus tard les aubépines sont décrites dans un long passage empruntant au vocabulaire musical: le narrateur compare leur parfum à des « intervalles musicaux », à des « mélodies qu'on rejoue cent fois sans descendre plus avant dans leur secret » (I, 138). Cette dernière comparaison est une autre anticipation de la petite phrase de Vinteuil. De plus, il est à noter que le même passage recèle

---

[2]L'adjectif « étourdi » reparaît à propos de Mlle Vinteuil lorsque le narrateur dit qu'elle parle comme « un bon garçon étourdi » (I, 114).

en filigrane le septuor lui-même: devant une épine rose d'aubépine, le narrateur ressent la même joie que « si un morceau entendu seulement au piano nous apparaît ensuite revêtu des couleurs de l'orchestre . . . » (I, 139). Ici encore, il ne s'agit pas d'une écriture uniquement musicale, puisque le narrateur se sert également de motifs visuels. Enfin, la scène de Montjouvain a lieu une trentaine de pages après la première et unique apparition de Vinteuil. La mère du narrateur évoque la triste fin de la vie du musicien, dont on ne connaissait qu'une scène (I, 113). La déchéance du vieil homme, brièvement décrite, est néanmoins puissamment rendue par le contraste entre la situation de sa fille et les seuls traits de caractère qu'on connaisse de lui, à savoir sa sévérité à l'égard des mœurs modernes et sa pudibonderie (I, 160, 112-14). Avant la scène de Montjouvain, le narrateur laisse à sa mère le soin d'annoncer une prolepse importante dans la structure narrative de *la Recherche:*

> Pauvre M. Vinteuil, disait ma mère, il a vécu et il est mort pour sa fille, sans avoir reçu son salaire. Le recevra-t-il après sa mort et sous quelle forme? Il ne pourrait lui venir que d'elle. (I, 160)

Cette phrase, précédant l'horreur de la scène de Montjouvain, crée pour le lecteur un certain suspense: Vinteuil sera-t-il finalement récompensé? Nous l'apprendrons dans *La Prisonnière* (III, 261-65). La musique dans Combray n'intervient donc que sur deux plans: le vocabulaire musical, et les événements narratifs. En particulier l'apparition et la destruction de Vinteuil, seul artiste de *la Recherche* à « vivre » si brièvement dans le roman, malgré l'importance capitale de sa musique dans l'œuvre. Eternel, mais dans le cas de Vinteuil, méconnu pendant de longues années. Dans la suite de *Combray*, la petite phrase de Vinteuil (en qui Swann ne reconnaît pas le Vinteuil de Combray) commence à développer sa puissance narrative.

C'est dans *Un Amour de Swann* qu'elle apparaît pour la première fois, introduite par un procédé stylistique peu utilisé dans le reste du texte:

> Or quand le pianiste eût joué, Swann fut plus aimable encore avec lui qu'avec les autres personnes qui se trouvaient là. Voici pourquoi: .
>   L'année précédente, dans une soirée, il avait entendu une œuvre musicale exécutée au piano et au violon. D'abord, il n'avait goûté que la qualité matérielle. . . . (I, 208)

Le passage ainsi introduit et racontant l'audition de la petite phrase par Swann un an auparavant occupe environ quatre pages, au bout desquelles le petit pianiste a fini de jouer. Il y a donc ici passage du temps diégétique à un temps extra-diégétique. Le temps narratif a été figé, et de manière ostentatoire. De plus, le « Voici pourquoi: » n'est pas une technique coutumière à Proust. Par cette « anomalie », il ménage déjà une place privilégiée à la petite phrase, comme les trois coups annoncent le début d'une pièce de théâtre.

La première partie du passage est spatiale, et même pourrait-on dire géométrique:

> Il s'en représentait l'étendue, les groupements symétriques, la graphie, la valeur expressive: il avait devant lui cette chose qui n'est plus de la musique pure, qui est du dessin, de l'architecture, de la pensée, et qui permet de se rappeler la musique. (I, 209)

La deuxième partie compare la petite phrase à une belle passante, puis la troisième évoque une possibilité de rajeunissement intellectuel de Swann. La quatrième et dernière partie, très courte, revient au temps diégétique, en relatant l'audition de la petite phrase dans le salon Verdurin. Notons que les clausules de ces quatre parties sont à rapprocher, car elles portent sur deux thèmes entrelacés, l'amour et l'ineffable:

—1ère clausule: « . . . il sentait que rien d'autre qu'elle ne pourrait les lui faire connaître, et il avait éprouvé pour elle comme un amour inconnu » (I, 209-10).

—2ème clausule: « . . . sans qu'il sache seulement s'il pourra revoir jamais celle qu'il aime déjà et dont il ignore jusqu'au nom » (I, 210).

—3ème clausule: « . . . mais tout en se rappelant le plaisir spécial et intraduisible que lui avait fait la phrase, en voyant devant ses yeux les formes qu'elle dessinait, il était pourtant incapable de la leur chanter. Puis il cessa d'y penser » (I, 211).

—4ème clausule: « Mais maintenant qu'il pouvait demander le nom de son inconnue (on lui dit que c'était l'andante de la Sonate pour piano et violon de Vinteuil), il la tenait, il pourrait l'avoir chez lui aussi souvent qu'il voudrait, essayer d'apprendre son langage et son secret » (I, 212).

Swann apprend ensuite le succès de la sonate dans le monde. Non seulement il ne reconnaît pas dans le musicien génial le vieillard de Combray, mais il déplorerait que les deux hommes soient parents:

Mais ce pourrait être un parent, reprit Swann, cela serait assez triste, mais enfin un homme de génie peut être le cousin d'une vieille bête. Si cela était, j'avoue qu'il n'y aurait pas de supplice que je ne m'imposerais pour que la vieille bête me présentât à l'auteur de la sonate: d'abord le supplice de fréquenter la vieille bête, et qui doit être affreux. (I, 214)

Le peintre Biche dit alors que Vinteuil est malade et « menacé d'aliénation mentale », indication qui permet de situer la scène par rapport au temps narratif de *Combray* (I, 214). Enfin, lorsqu'il est de nouveau question de la sonate, elle est déjà devenue pour Swann et Odette, « l'air national de leur amour », et apparaît « comme dans ces tableaux de Pieter de Hooch qu'approfondit le cadre étroit d'une porte entr'ouverte, tout au loin . . . » (I, 218).

On peut donc distinguer dans ce passage sur l'apparition de la petite phrase trois niveaux:
1) structural:
    —temps extra-diégétique: Swann entendant la petite phrase de Vinteuil pour la première fois, un an avant de l'entendre chez les Verdurin.
    —temps de la diégèse: Swann chez les Verdurin, Vinteuil malade (ce qui permet de situer le temps d'*Un Amour de Swann* par rapport au temps de *Combray*)
2) thématique:
    —l'amour
    —l'ineffable
    —la société.
3) stylistique:
    —un procédé peu fréquent dans *la Recherche* introduit la petite phrase de Vinteuil.
    —vocabulaire géométrique et pictural pour décrire la musique.

Plus loin la musique sert de repère dans la courbe des amours de Swann. Le mauvais goût musical d'Odette, qui désole Swann, n'empêche pourtant pas celui-ci d'avoir de plus en plus besoin de l'une comme de l'autre: « . . . cet autre besoin qui se développait aussi en dehors du monde réel, c'était celui d'entendre, de connaître de la musique » (I, 236, 304)[3]. La petite phrase est d'abord l'amie de Swann et « l'air national » de ses amours avec Odette. Cependant lorsque cette dernière se détache de lui,

---

[3]Ce mauvais goût musical d'Odette se retrouve plus tard chez Albertine: I, 883.

Swann en viendra à comparer la musique et Mme Verdurin et à les qualifier toutes les deux d'entremetteuses (I, 264, 276). Puis la petite phrase reparaît un jour, inattendue, à la soirée de Mme de Saint-Euverte, et vient torturer Swann en éveillant le souvenir des jours heureux:

> Et Swann aperçut, immobile en face de ce bonheur revécu, un malheu-reux qui lui fit pitié parce qu'il ne le reconnut pas tout de suite, si bien qu'il dût baisser les yeux pour qu'on ne vît pas qu'ils étaient pleins de larmes. C'était lui-même. (I, 347)

C'est donc grâce à la musique que Swann réalise soudain qu'il n'est plus aimé, et cette révélation muette aggrave son chagrin[4]. L'audition de la petite phrase est étroitement liée au thème du souvenir involontaire, et elle est d'une importance décisive dans la structure de l'histoire de Swann car elle en marque les étapes: « A partir de cette soirée, Swann comprit que le sentiment qu'Odette avait eu pour lui ne renaîtrait jamais » (I, 353).

La petite phrase joue un rôle aussi important dans la structure du récit. Le narrateur l'utilise par exemple pour recréer l'atmosphère des salons de cette époque. Le passage de la soirée Saint-Euverte est un chef-d'œuvre d'humour, dont le support est la musique (I, 328, 332, 333, 340, 341). Elle sert également de moyen de reprise et donc d'unité dans le reste de l'œuvre, souvent par une prolepse. L'attitude des deux dames de Cambremer écoutant du Chopin est une anticipation de leur conversation avec le narrateur dans *A l'ombre des jeunes filles en fleur*. On voit donc que dans *Un Amour de Swann,* la musique participe à la structure temporelle de l'histoire, à celle du récit et rejoint comme support les thèmes de l'amour et de la société.

Dans *Noms de Pays: le nom,* elle apparaît surtout dans des compa-raisons et aussi dans la structure temporelle de l'histoire:

> . . . j'avais appris, en voyant une colonne de poussière se tenir debout toute seule au-dessus du piano et en entendant un orgue de Barbarie jouer sous la fenêtre *En revenant de la revue,* que l'hiver recevait jusqu'au soir la visite inopinée et radieuse d'une journée de printemps. (I, 404-05)

---

[4]Il est à noter que dans ce passage où la petite phrase reparaît, l'écriture picturale domine.

Peut-être fait-elle aussi partie ici de la structure temporelle du récit: *En revenant de la revue* était une chanson militariste « très en vogue au moment de l'affaire Dreyfus », d'après Jacques Nathan[5]. La chanson mentionnée permet en quelque sorte de dater le moment dont parle le narrateur.

A l'ombre des jeunes filles en fleur:
C'est dans ce livre que Marcel entend pour la première fois la sonate de Vinteuil, jouée au piano par Odette (I, 529). C'est l'époque où il commence à aller au concert avec les Swann (I, 545). Là encore, la musique participe à la structure de l'histoire, par son association avec Odette, Gilberte, et les femmes en général. Elle intervient également dans la structure du récit: par exemple, quand Marcel entre dans le restaurant de Rivebelle, « aux sons de quelque marche guerrière jouée par les tziganes », on pressent l'atmosphère d'avant-guerre de l'époque[6]. Comme dans *Swann,* elle sert de support aux thèmes de l'amour et de la société: citons par exemple Charlus lançant la mode des quatuors de Beethoven, alors que quelques années plus tard, il sera rejeté à la fin d'une soirée musicale chez les Verdurin par la société qui l'a adulé (I, 751).

La musique peut mettre en évidence la structure temporelle: les goûts musicaux changent selon les générations, par exemple ceux de Saint-Loup et de son père, ou des Bloch père et fils. De plus elle annonce le thème de l'homosexualité, comme le montre la voix de Charlus, « duo alterné d'un jeune homme et d'une femme » (I, 764). Du point de vue stylistique, elle permet également certaines remarques humoristiques du narrateur (I, 605, 743). On note encore dans ce livre un vocabulaire pictural reprenant le thème de la musique (I, 490, 661, 954).

Le Côté de Guermantes:
La musique a ici à peu près la même fonction narrative que dans *Jeunes Filles,* bien qu'elle participe beaucoup moins à la structure du texte. On y rencontre pour la première fois Morel, « un peu compositeur », et on y

---

[5]Jacques Nathan, *Citations, Références et Allusions de Marcel Proust, dans « A la Recherche du temps perdu »* (Paris: A. G. Nizet, 1969), p. 64.
[6]Le vocabulaire est lui-même guerrier: « chemin de gloire », « honneurs militaires », « triomphe immérité », « contenance martiale d'un général vainqueur » (I, 809).

apprend que Charlus a composé autrefois une sonatine pour la duchesse de Guermantes (II, 265, 379). Saint-Loup fait une remarque sur la guerre, qui d'après lui serait pire que le *Déluge* et le *Götterdämmerung* de Wagner, remarque qui devient anticipation des événements narratifs du *Temps retrouvé* (Saint-Loup sera tué), et indication du temps de l'histoire: c'est en effet l'époque où Marcel découvre Wagner, apprécié dans les salons de ses contemporains.

La musique est d'ailleurs surtout associée au thème de la société dans laquelle elle occupe une place de plus en plus importante. Remarquons les goûts musicaux des Guermantes, l'audace de la duchesse dans ses jugements, la mode d'aller à Bayreuth (II, 400, 491, 469-70, 523, 537)[7].

La musique ici aussi semble liée à l'homosexualité: la colère de Saint-Loup est comparée à une phrase musicale et la voix de son oncle Charlus ressemble à une symphonie, ou à un « gracieux scherzo » (II, 170, 560). Comme dans *Swann,* les passages humoristiques s'appuient souvent sur la musique: rapprochons le moment où le narrateur, ayant « rompu » avec la duchesse de Guermantes, chante *L'Adieu* de Schubert, et celui où Charlus « rompt » avec Marcel sur du Beethoven (II, 371, 562-63).

Sodome et Gomorrhe:

L'association musique et homosexualité débute avec Sodome et finit avec Gomorrhe et est très accentuée dans la structure de l'histoire de *Sodome et Gomorrhe.* Dès la scène d'ouverture de ce livre, les œillades de Charlus à Jupien sont comparées aux phrases interrogatives de Beethoven, et leurs bruits amoureux à des octaves musicales (II, 605, 609). Cette dernière comparaison est à rapprocher du passage humoristique où Mme Verdurin reçoit Charlus et Morel à la Raspelière:

> Mme Verdurin leur donnait alors deux chambres communicantes et, pour les mettre à l'aise, disait: « Si vous voulez faire de la musique, ne vous gênez pas, les murs sont comme ceux d'une forteresse, vous n'avez personne à votre étage, et mon mari a un sommeil de plomb. » (II, 1043-44)

---

[7]On se souvient qu'Odette voulait y aller sans Swann.

C'est d'ailleurs dans *Sodome et Gomorrhe* que les Verdurin découvrent Morel et que Charlus commence à s'occuper de lui (II, 911). L'intérêt de Morel pour sa réputation artistique laisse d'ailleurs prévoir la chute prochaine du baron (II, 1011, 1033-34, 1062), bien que ce soit un grand musicien qui ait favorisé leurs relations (II, 1047) .

La musique joue aussi un grand rôle dans les amours de Marcel et Albertine. C'est le concert de Balbec qui donne à Marcel l'envie de revoir son amie (II, 780). Dans la scène de fermeture du texte, il parle avec admiration de Vinteuil à Albertine. Celle-ci, pour se vanter, déclare connaître la fille du musicien et déclenche la souffrance et la jalousie de Marcel. Comme pour Swann, Vinteuil est indirectement l'ami puis le bourreau de l'amoureux.

La musique intervient aussi dans la structure du récit: l'évolution des salons est accélérée par « la musique nouvelle », la renommée de Vinteuil s'accroît, et par conséquent le prestige de Mme Verdurin (II, 870). De ce fait on peut situer temporellement le récit et être témoin de l'évolution de la société, qu'il s'agisse de la réputation des Wagnériennes ou de l'affaire Dreyfus: « D'ailleurs d'Indy, Debussy, n'étaient-ils pas 'mal' dans l'Affaire? » (II, 749, 885). Le narrateur adopte un ton humoristique lorsqu'il parle de l'attitude de la société envers la musique: Mme de Cambremer gesticule et postillonne en parlant de Chopin, le visage de Mme Verdurin est ravagé par Bach, Wagner, Vinteuil et Debussy, les gens du monde, profondément ignorants, prennent Meyerbeer pour Debussy et continuent de s'extasier (II, 808, 906, 954).

La Prisonnière:

Comme l'avait laissé prévoir la dernière partie de *Sodome et Gomorrhe,* la musique intervient dans la structure des événements narratifs de *La Prisonnière* et elle est encore liée à l'homosexualité, à la société et à l'humour. La scène où Marcel joue la sonate de Vinteuil en attendant le retour d'Albertine débouche sur un long passage théorique du narrateur sur Wagner, Elstir et Balzac (III, 158-62). Marcel commence à regretter sa vie avec Albertine, vie qui le prive de certains plaisirs, comme celui d'aller écouter la musique de Wagner (III, 168). Plus tard, après s'être alarmé de la présence possible de la fille de Vinteuil et de son amie chez les Verdurin, il se rassure lorsqu'Albertine lui avoue qu'elle ne les connaît pas (III, 222, 336). C'est aussi dans *La Prisonnière* que Marcel entend pour la première fois le septuor de Vinteuil, et l'intérêt de la musique se déplace de l'amour et l'homosexualité à la création artistique (III, 248-65). Dans ce passage on remarque un vocabulaire fortement pictural, de même que dans celui où Albertine joue la sonate au pianola pour le narrateur (III, 371-373)[8]. Cette audition de la sonate est de nouveau pour le narrateur le point de départ de réflexions théoriques sur la littérature et la musique (III, 375). Dans la dernière scène de *La Prisonnière,* de nombreuses comparaisons musicales sont à relever, portant sur le chant des oiseaux funestes peints sur la robe d'Albertine et laissant présager sa rupture et sa mort dans *La Fugitive :*

> La ressemblance entre leur roucoulement et le chant du coq était aussi profonde et aussi obscure que, dans le septuor de Vinteuil, la ressemblance entre le thème de l'adagio qui est bâti sur le même thème-clef que le premier et le dernier morceau. . . . Tel, ce mélancolique morceau exécuté par les pigeons était une sorte de chant du coq en mineur, qui ne s'élevait pas vers le ciel, ne montait pas verticalement, mais, . . . , allait d'un pigeon à l'autre sur une même ligne horizontale, et jamais ne se redressait, ne changeait sa plainte latérale en ce joyeux appel qu'avait poussé tant de fois l'allegro de l'introduction et le finale. Je sais que je prononçai alors le mot « mort » comme si Albertine allait mourir. (III, 400-01)

Parallèlement à l'histoire d'Albertine et de Marcel se développent les aventures du couple Charlus et Morel. Après de nombreuses références à l'intérêt de Charlus pour la carrière de son protégé, à sa partialité envers son talent, a lieu le « grand 'tra la la' musical » organisé par Charlus chez les Verdurin, soirée qui déclenche la dispute et la rupture des amants (III, 202, 218, 221, 263, 287). La musique continue donc à être liée à l'homosexualité dans *La Prisonnière,* bien que moins souvent que dans *Sodome et Gomorrhe.* Elle est surtout présente dans la structure de l'histoire, et dans celle du récit. De nombreux textes théoriques de *La Prisonnière* prennent comme point de départ la musique. Son interaction avec la société n'est plus qu'occasionnelle. On apprend cependant que la musique exotique est à la mode, de même que les ballets russes, que le salon de Mme Verdurin monte, et que les gens du monde vont s'encanailler dans la boîte à Bruant (III, 236-237, 245). Enfin les références humoristiques faisant appel à la musique sont beaucoup moins fréquentes que dans les livres précédents.

---

[8]Comme quelques années avant Odette l'avait jouée pour Swann et Marcel.

Par contre le nombre de passages théoriques augmente. Le texte s'ouvre sur des comparaisons entre musique et bruits de la rue, et le vocabulaire visuel sert de nouveau à décrire les passages sur la musique: par exemple, le concert de Balbec au début de *La Prisonnière,* et, à la fin, la description par le narrateur des effets que la musique lui procure (III, 83-84, 382)[9].

La Fugitive:

La musique disparaît presque totalement dans *La Fugitive.* Le seul moment où elle intervient dans la structure de l'histoire est lorsque Marcel entend *Sole Mio,* alors qu'il vient de laisser sa mère partir de Venise, et que l'audition de ce chant semble l'envoûter jusqu'à lui faire risquer de manquer son train (III, 653-55). On peut voir dans le titre de la chanson un parallèle avec la situation de Marcel abandonné. Le narrateur indique l'importance que la musique a pris dans sa vie, et celle qu'elle aura sur ses amours: ses futures amies devront connaître Vinteuil (III, 554-57). Quant à la petite phrase, il s'aperçoit qu'elle ne le fait plus souffrir et que: « . . . c'était mon amour qu'il me semblait, en la petite phrase éparpillée, voir se désagréger devant moi » (III, 560).

Le Temps retrouvé:

Comme dans *La Fugitive,* la musique n'intervient que très peu dans *Le Temps retrouvé,* et c'est surtout sa fonction dans la structure de l'œuvre qui est mise en valeur. L'époque où l'histoire se déroule est marquée par la guerre, et chaque fois que la musique apparaît, elle est liée à la guerre, ou aux Allemands. Saint-Loup parle de *Siegfried* et de Schumann, compare les aviateurs à la chevauchée des Walkyries, et les derniers mots que Marcel lui ait entendu prononcer « c'étaient ceux qui commençaient un lied de Schumann et que sur mon escalier il me fredonnait, en allemand, si bien qu'à cause des voisins je l'avais fait taire . . . » (III, 754, 847). La musique est

---

[9]On remarque un fait étrange dans la chronologie de *La Prisonnière.* Le narrateur parle d'Albertine dans ces termes: « . . . presqu'une protégée de l'ancien professeur de piano de ma grand-mère, Vinteuil . . . » (III, 640). Or, dans *La Prisonnière,* Albertine a avoué qu'elle ne connaissait que très peu la fille de Vinteuil. D'autre part, les âges ne semblent pas coïncider. Vinteuil, s'il avait été le professeur de piano de la grand-mère de Marcel, ne saurait avoir une fille de son âge, à moins que la grand-mère n'ait pris des leçons très tard dans sa vie, ou que le musicien ait eu sa fille très vieux.

donc étroitement liée au temps de l'histoire pour les personnages et pour la société en général. Après la grande mode de Wagner, quelques années plus tôt, les sirènes sont devenues la « seule musique allemande qu'on eût entendue depuis la guerre . . . » (III, 777). Cependant, quelques années plus tard, au moment de l'expérience des pavés dans la cour de l'hôtel de Guermantes, la musique reparaît, triomphale, dans la structure du récit:

> Mais au moment où, me remettant d'aplomb, je posai mon pied sur un pavé qui était un peu moins élevé que le précédent, tout mon découragement s'évanouit devant la même félicité qu'à diverses époques de ma vie m'avaient donné la vue d'arbres que j'avais cru reconnaître dans une promenade en voiture autour de Balbec, la vue des clochers de Martinville, la saveur d'une madeleine trempée dans une infusion, tant d'autres sensations dont j'ai parlé et que les dernières œuvres de Vinteuil m'avaient paru synthétiser. (III, 866)

Le narrateur compare la douleur qu'elle éveille chez Swann lorsqu'il entend inopinément la petite phrase, douleur liée au souvenir involontaire, plus forte que celle exprimée par des mots, et les sensations qu'il a ressenties grâce aux pavés, à la serviette et à la madeleine, qui réveillent l'impression vraie des choses (III, 869). Il ajoute quelques pages plus loin:

> Et je ne voulais pas me laisser leurrer une fois de plus, car il s'agissait pour moi de savoir enfin s'il était vraiment possible d'atteindre ce que, toujours déçu comme je l'avais été en présence des lieux et des êtres, j'avais (bien qu'une fois la pièce pour le concert de Vinteuil eût semblé me dire le contraire) cru irréalisable. (III, 877)

Cette remarque est suivie d'une interrogation capitale:

> « Etait-ce cela, ce bonheur proposé par la petite phrase de la sonate à Swann qui s'était trompé en l'assimilant au plaisir de l'amour et n'avait pas su le trouver dans la création artistique, ce bonheur que m'avait fait pressentir comme plus supra-terrestre encore que n'avait fait la petite phrase de la sonate, l'appel rouge et mystérieux de ce septuor que Swann n'avait pu connaître, étant mort comme tant d'autres avant que la vérité faite pour eux eût été révélée? D'ailleurs, elle n'eût pu lui servir, car cette phrase pouvait bien symboliser un appel, mais non créer des forces et faire de Swann l'écrivain qu'il n'était pas. » (III, 877-78)

Ce passage est un regroupement subtil de tous les fils que la musique de Vinteuil a tressés dans la structure de l'histoire et du récit. C'est une réflexion non seulement sur son influence dans la vie de Swann, et de celle du narrateur, mais aussi sur la création artistique que le narrateur écrivant est en train d'accomplir et d'achever. Le rôle de la musique est donc, parmi d'autres facteurs, d'unir l'histoire et le récit. Dans les toutes dernières pages du *Temps retrouvé,* le narrateur insiste à plusieurs reprises sur ce rôle, dans une sorte de bilan:

> Or, c'est en parlant de la musique de Vinteuil à Albertine que j'avais découvert qui était sa grande amie et commencé avec elle cette vie qui l'avait conduite à la mort et m'avait causé tant de chagrins. . . . D'ailleurs, si à l'opposé qu'ils fussent, les Verdurin tenaient à Odette par le passé de celle-ci, à Robert de Saint-Loup par Charlie; et chez eux quel rôle n'avait pas joué la musique de Vinteuil. . . . Certes, s'il s'agit uniquement de nos cœurs, le poète a eu raison de parler de « fils mystérieux » que la vie brise. Mais il est encore plus vrai qu'elle en tisse sans cesse entre les êtres, entre les événements, qu'elle entre-croise ces fils, qu'elle les redouble pour épaissir la trame, si bien qu'entre le moindre point de notre passé et tous les autres un riche réseau de souvenirs ne laisse que le choix de communications. (III, 1030)

2. Les Arts Visuels

Du côté de chez Swann:

Dans *Combray,* le premier contact de Marcel avec les arts visuels s'effectue dans un contexte familier: il écoute Swann, un critique d'art ami de la famille, parler peinture avec ses grands-tantes (I, 16-17). Sa grand-mère lui procure des photos de monuments et de gravures (I, 18). Et le décor de l'église de Combray et son clocher, son architecture, ses vitraux et tapisseries enflamment son imagination (I, 59, 63-65, 68). Sa vision artistique est déjà remarquable: les objets familiers, les paysages qui l'entourent lui semblent appartenir à des tableaux ou leur ressembler. Il dit de la lune: « J'aimais à retrouver son image dans les tableaux et dans les livres. . . . C'était par exemple, quelque roman de Saintine, un paysage de Gleyre où elle découpe nettement sur le ciel une faucille d'argent » (I, 146). Plus loin, il remarque que: « . . . le lointain des bois paraissait plus bleu, comme peint dans ces camaïeux qui décorent . . . » (I, 150), et encore: « Je frappais les arbres de Roussainville d'entre lesquels ne sortait pas plus d'êtres vivants que s'ils eussent été des arbres peints sur la toile d'un panorama . . . » (I, 158).

Qu'il s'agisse d'une comparaison née dans l'esprit de Marcel ou dans celui du narrateur, la fusion entre les arts visuels et la réalité est déjà ébauchée. De même, Mme de Guermantes, qui après la lecture de Bergotte lui apparaît sur fond pourpre, lui semble dès le début être un personnage de tapisserie ou de vitrail. Le décor familier, en ayant l'air de sortir d'une œuvre d'art visuel, prend une autre dimension. D'innombrables ressemblances de personnages ou d'objets les rapprochent de sculptures (en particulier Françoise), ou de gravures (comme par exemple la fille de cuisine et la Charité de Giotto)[10].

Les arts visuels jouent un rôle fondamental dans l'histoire de l'amour de Swann et Odette. Swann, dont on sait qu'il n'aime pas les femmes ressemblant à des peintures ou à des sculptures, va trouver pourtant dans la ressemblance d'Odette avec les Botticelli une excuse et un renfort à son amour pour elle (I, 192). Odette, pour le séduire, prétend s'intéresser à ses collections et va le voir sous ce prétexte (I, 238, 240). Swann, qui n'est pas encore amoureux, prend à son tour comme excuse pour ne pas la voir ses travaux sur Ver Meer (I, 198). Les arts visuels servent donc par trois

---

[10]Voir le deuxième chapitre de la deuxième partie de cet ouvrage.

fois d'alibis dans le début de l'histoire de l'amour de Swann et Odette. Un peintre qui adore favoriser les mariages (Biche, le peintre des Verdurin), les invite tous les deux à visiter son atelier (I, 203)[11]. Plus tard, Swann craint Biche justement pour cette raison, quand Odette commence à s'intéresser à de Forcheville. Le renversement qui s'observe dans les amours de Swann se retrouve en effet dans les arts visuels et grâce à eux: Swann, avant d'être amoureux, aimait les collections, mais après, il ne semble se remettre à la peinture et à l'étude de Ver Meer qu'à chaque fois qu'Odette s'éloigne de lui (I, 242, 353). Quant à elle, plus elle ment, plus elle ressemble à un Botticelli, et plus il trouve de raisons de l'aimer. Elle refuse qu'il l'initie aux chefs-d'œuvre d'art visuel et préfère aller voir sans lui des monuments qu'il juge médiocres[12]. Swann en souffre, non seulement dans son amour et sa fierté, mais aussi dans sa sensibilité artistique. Mme Cottard, en lui rapportant qu'Odette vante ses connaissances en peinture, et s'intéresse sincèrement à ses études, en lui montrant une Odette plus humaine, redonne à Swann l'espoir de vivre un jour calmement avec elle (I, 376). Les arts visuels participent donc de près à la structure de l'histoire de Swann. Ils la façonnent, l'influencent, la mesurent, l'illustrent. Ils ne servent cependant pas seulement à l'amour. Ils constituent aussi pour le narrateur un moyen de décrire une certaine société: par exemple, le passage où les Cottard ne comprennent pas la peinture de Biche, et la reprise de ce passage par Mme Cottard (I, 213, 375). Les revirements de goûts artistiques sont autant de points de repère temporels dans la structure narrative: c'est le cas d'Oriane, qui commence par détester le style Empire, mais qui, une fois devenue duchesse, ne jurera que par lui, avant de le désavouer de nouveau dans *Le Temps retrouvé*.

Dans *Noms de pays: le nom,* comme dans *Combray*, le contact de Marcel avec les arts visuels se fait dans un contexte familier. Il ne visite pas les musées, ne suit pas de cours d'art. Mais Swann lui parle de l'église de Balbec, et Marcel finira par y aller, comme il ira plus tard à Venise (I, 385, 397). Dans cette dernière partie de *Swann*, la couture est présentée comme un art, et laisse présager la place de plus en plus grande qu'elle occupe dans le reste de l'œuvre. En notant les différences de modes vestimentaires entre

---

[11]Dans *Jeunes Filles,* ce même peintre y invitera Marcel et Albertine. Il s'agit bien entendu d'Elstir.

[12]On remarque qu'en revanche Albertine manifestera un goût très sûr dans le domaine visuel.

le passé et le présent, le narrateur renforce la notion de temps dans le récit (I, 418, 425). La fusion entre le réel et l'imaginaire est également à remarquer: en plus des nombreuses comparaisons visuelles, la vision du narrateur place à plusieurs reprises des décors de ville et des éléments naturels dans des tableaux imaginaires (I, 387, 389, 391, 392, 395, 419, 422, 424).

En conclusion, on constate que dans *Combray* et *Noms de pays: le nom*, l'architecture domine, avec le décor familier de l'église de Balbec et celui, imaginé, de l'église de Balbec. Dans *Un Amour de Swann*, c'est la peinture qui domine. Elle est en partie responsable de la liaison de Swann et d'Odette et de ses péripéties, et permet de refléter une certaine société de l'époque. Enfin, pour les trois parties de *Swann,* les arts visuels interviennent dans la structure du récit, en y introduisant des repères temporels et une fusion entre l'art et la réalité, qui témoigne de la sensibilité et de la vision artistique de Marcel et du narrateur.

A l'ombre des jeunes filles en fleur:

Dans *Jeunes Filles*, les arts visuels fournissent quelques indications sur la vie de Swann et de sa femme et donnent en quelque sorte une suite à *Un Amour de Swann*. Odette connaît maintenant la peinture de Ver Meer et tient un salon où on parle d'art visuel (I, 468, 508). Alors que Swann aime encore à retrouver Botticelli dans sa femme, elle par contre cherche à s'éloigner le plus possible de ce modèle (I, 167). Quant à Marcel, il commence à visiter les expositions en compagnie des Swann, mais préfère les femmes aux arts: à ses yeux, la robe de chambre d'Odette est bien plus précieuse que la Joconde (I, 544, 528). Les arts visuels ne servent pas seulement à marquer l'évolution des relations entre les personnages de *Jeunes Filles*. Ils sont de plus un indice des changements progressifs de toute une société. La mode prend une importance croissante et on peut se demander si c'est un effet de l'époque (dans le récit), ou de l'intérêt que Marcel commence à porter aux femmes (dans l'histoire). Toutefois, le fait que la mode ait changé depuis *Un Amour de Swann* nous fait pencher vers la première hypothèse (I, 618, 636). La description détaillée des toilettes d'Odette anticipe celle des toilettes de la duchesse de Guermantes et d'Albertine dans *La Prisonnière*. La mode ne se limite pas à la Haute Couture: la décoration, l'ameublement, dénotent également un changement dans le goût du public (I, 592, 615-16). Les remarques du narrateur sur la mode et le goût font partie de la structure du récit, et nous placent dans le temps: nous savons que *Jeunes Filles* se passe à l'époque des Aquarellistes, et ceci nous permet de fixer la date approximative de l'histoire[13]. Le mélange arts visuels et réalité est à noter dans *Jeunes Filles* quand, se promenant dans Paris, Marcel pense que tous les monuments sont contemporains mais:

> Une seule fois un des palais de Gabriel me fit arrêter longuement; c'est que, la nuit étant venue, ses colonnes dématérialisées par le clair de lune avaient l'air découpées dans du carton et, me rappelant un décor de l'opérette *Orphée aux enfers,* me donnaient pour la première fois une impression de beauté. (I, 565)

La beauté est donc liée, selon lui, à l'effet d'irréel, ou de non réel. Plus loin, il défend la manie de Swann de trouver aux gens qu'il connaît des ressemblances avec certains tableaux, au nom de l'universalité des types (I, 535). Lui-même, observant sur le visage de Gilberte les ressemblances héréditaires, l'imagine sculpté ou peint (I, 565).

Le même modèle se retrouve dans la deuxième partie de *Jeunes Filles*. Les arts visuels participent à la structure de l'histoire et favorisent en particulier les amours de Marcel. Au début, celui-ci néglige de rendre visite à Elstir de façon à garder son temps libre pour essayer de voir les filles de Balbec; mais c'est en se rendant à l'atelier du peintre qu'il aperçoit Albertine, fait de loin la rencontre de la petite bande, et apprend le nom de famille d'Albertine par Elstir (I, 830, 844, 855, 865). L'ex-M. Biche ayant toujours aimé faire des mariages, il donne une matinée au cours de laquelle Marcel a enfin l'occasion de rencontrer Albertine, et promet au jeune homme de le présenter à Mme Bontemps, la tante d'Albertine (I, 870, 872, 928). On voit donc à quel point la rencontre d'Elstir a pour Marcel une importance décisive sur son amour avec Albertine, alors que dans *Swann* on n'a que très peu de détails sur l'influence de Biche dans la liaison entre Odette et Swann. Notons également que c'est grâce à Elstir qu'Albertine commence à s'intéresser à la peinture et aux toilettes, et que par conséquent, Marcel aussi s'y intéresse (I, 885).

Les arts visuels (comme cela a déjà été souligné pour la musique) servent à décrire la société de façon humoristique: le snobisme mal à propos de Bloch parlant des « Stones of Venaïce » de Ruskin, la stupidité vantarde du père Bloch et de son Rubens non signé, s'opposent à la noble modestie

---

[13]Le narrateur ne nous permet pas souvent de le faire. On trouve cependant deux dates dans *Le Temps retrouvé:* 1916 et 1914.

de Saint-Loup, parlant des portraits authentiques que possèdent les Guermantes, et à l'attitude supérieure mais justifiée de Charlus « pouvant dire justement qu'il 'visitait' un musée et une incomparable bibliothèque rien qu'en parcourant ses souvenirs » (I, 739, 776, 755, 756-57)[14].

Dans cette deuxième partie de *Jeunes Filles,* les arts visuels participent surtout à la structure du récit. Ils donnent d'une part des indications sur le temps de l'histoire: le portrait de Miss Sacripant, par exemple, révèle l'âge d'Odette (I, 863). Ils soulignent d'autre part la déception de Marcel devant la réalité: celui-ci, devant l'église et la Vierge du Porche de Balbec réalise que: « . . . c'était elle enfin, l'œuvre d'art immortelle et si longtemps désirée, que je trouvais métamorphosée, ainsi que l'église elle-même, en une petite vieille de pierre dont je pouvais mesurer la hauteur et compter les rides » (I, 659-60)[15]. Cependant la réalité accède quelquefois à la beauté de l'imaginaire: ce sont par exemple le ciel au-dessus de la gare Saint-Lazare, comparable au ciel de Mantegna ou Véronèse, ou bien encore la mer qui « n'était suspendue en face d'eux que comme une toile d'une couleur agréable accrochée dans le boudoir d'un riche célibataire » (I, 645, 681). Se penchant à la fenêtre de son hôtel tous les matins, il guette: « . . . ces collines de la mer . . . , dans un lointain transparent, vaporeux et bleuâtre comme ces glaciers qu'on voit au fond des tableaux des primitifs toscans » (I, 73). Bien que Marcel n'ait pas encore rencontré Elstir dans le temps de l'histoire, on peut relever dans cette dernière phrase une métaphore (celle de la mer et de la montagne) qui lui est empruntée. Le narrateur reprend à son compte la manie de Swann de trouver des ressemblances artistiques, et apercevant Saint-Loup pour la première fois, il le voit immédiatement comme modèle d'un portrait en pied:

> Il venait de la plage, et la mer, qui remplissait jusqu'à mi-hauteur le vitrage du hall lui faisait un fond sur lequel il se détachait en pied, comme dans certains portraits où des peintres prétendent, . . . , donner un équivalent moderne de ces toiles où les primitifs faisaient apparaître une figure humaine au premier plan d'un paysage. (I, 729)

---

[14]Saint-Loup et Charlus, neveu et oncle, ont par ailleurs des goûts totalement différents—par exemple en ameublement—ce qui montre une fois de plus la différence de modes et de goûts entre deux générations (I, 757).

[15]On peut rapprocher ce passage de celui où Marcel imagine l'église de Balbec à la fin de *Swann.*

Les comparaisons visuelles de ce genre sont très nombreuses dans *Jeunes Filles*, en particulier celles qui ont pour sujet les filles de Balbec (I, 789-819, 946-50). C'est Elstir qui redonne de la valeur à la réalité: d'abord en parlant avec enthousiasme de l'église de Balbec, ensuite en abolissant, dans ses peintures, la distance entre le réel et l'imaginaire (I, 840, 901-02). Au lieu de sa démarche habituelle: imaginaire —> réalité —> déception, Marcel décide d'aller voir un lieu, la falaise des Creuniers, qu'il a vue dans un tableau d'Elstir. Il suit donc la démarche inverse:

réalité —> imaginaire —> réalité (I, 924-25).

Les arts visuels influencent également la technique narrative du narrateur. Ils lui permettent un premier procédé, celui de la réapparition des personnages: Miss Sacripant (portrait daté de 1872), n'est autre que la Dame en rose, mais vue sous un troisième angle: non plus la maîtresse de l'oncle Adolphe ou de Swann, mais un personnage au sexe ambigu (qui laisse présager Gomorrhe) modèle du peintre. Celui-ci refuse d'admettre qu'il connaît Swann, prétend même ignorer son nom, et, mystérieusement, préfère offrir à Marcel une de ses esquisses plutôt que la photo de Miss Sacripant (I, 825, 860). Du reste, ce peintre de génie se révèle être nul autre que le ridicule M. Biche du salon Verdurin, et ici encore, les arts visuels sont le prétexte d'une autre réapparition de personnages (I, 863). Par ailleurs, les arts visuels aident le narrateur à élaborer une théorie de la création artistique, mettant en parallèle la littérature et la peinture.

En conclusion, on peut dire que, dans la première partie de *Jeunes Filles,* on assiste à l'apprentissage mondain des arts visuels: Marcel visite les expositions, commence à noter les modes, écoute les jugements artistiques des gens du monde, souvent contradictoires[16]. Un événement capital a lieu dans la deuxième partie de *Jeunes Filles*: la visite de l'atelier d'Elstir, occasion de la première rencontre de Marcel et Albertine, d'une vision artistique accrue chez les deux jeunes gens, et de l'ébauche d'une théorie sur le style et la technique par le narrateur.

Le Côté de Guermantes:

Dans *Guermantes,* le narrateur déclare préférer la peinture au théâtre, depuis ses visites chez Elstir (II, 36). Les effets de ces visites ne se sont

---

[16]Celui de Norpois, par exemple sur l'église de Balbec, s'oppose à celui de Swann dans *Swann*, ou celui d'Elstir dans la deuxième partie de *Jeunes Filles*.

pas fait attendre. Marcel prend même son intérêt (authentique) pour Elstir comme prétexte pour être reçu chez la duchesse de Guermantes, dont il est alors amoureux (I, 126). Comme elle ne lui demande pas de venir voir ses tableaux, Marcel en conclut qu'elle ne l'aime pas (II, 276). Ici encore, les arts visuels servent de point de référence aux amours des héros[17]. Notons aussi que Charlus commence sa dispute avec Marcel à propos d'art, en accusant le jeune homme de ne rien connaître aux styles de mobilier (II, 554-56). Cependant, les liens entre amour et arts visuels se relâchent dans *Guermantes,* mais non parce que les arts visuels sont moins importants dans ce livre: c'est au contraire le thème de l'amour qui s'affaiblit au profit du thème de la société.

La société est en effet prépondérante dans *Guermantes,* où la majeure partie du texte a pour décor le salon de Mme de Villeparisis ou le dîner chez les Guermantes. Que ce soit chez l'une ou chez les autres, on retrouve dans ces scènes un point commun: l'ignorance des gens du monde. C'est d'abord le ridicule d'un Legrandin, qui trouve Mme de Villeparisis supérieure à Pisonnella, ou celui d'un Norpois, qui la met au-dessus de Fantin-Latour (encore Norpois a-t-il des excuses puisqu'il parle de sa maîtresse: II, 274-75). Celle-ci se distingue par sa vanité: elle a « fait le trust de toutes les peintures se rapportant aux Villeparisis véritables », avec lesquels son mari n'avait aucune parenté (II, 294). C'est dans le salon de cette femme peintre que Norpois et Marcel parlent de la botte de radis d'Elstir, que le premier considère comme une simple esquisse, alors que le second y voit un chef-d'œuvre (II, 223)[18]. Pendant le dîner chez les Guermantes, la duchesse affirme que Mme de Villeparisis ne connaît rien à la peinture, parle d'Elstir et d'autres peintres, du style Empire, qu'elle déclare avoir toujours adoré, de Gustave Moreau, de la relativité des styles, de Hals, de musées, etc. (II 507, 519, 522). Le narrateur nous fait part de ses réactions devant cette culture inutile (II, 525). La duchesse, du reste, ne formule de jugements artistiques que dans l'intention de choquer, de surprendre, de faire remarquer son esprit[19]. Malheureusement, le duc ne la suivant pas toujours, contredit involontairement sa femme: par exemple,

---

[17]Dans *Swann,* c'était Odette qui avait pris comme excuse pour aller voir Swann ses collections.

[18]Cette botte de radis semble devenir une botte d'asperges dans le tableau des Guermantes.

[19]On observe que la duchesse utilise une comparaison chère au narrateur lorsqu'elle compare des villages à un tableau primitif (I, 593).

contrairement à ce qu'elle avait affirmé lors du dîner, il avouera avoir échangé les Elstir qu'ils n'aimaient pas. Swann, lui, n'hésite pas à se moquer de la naïveté du duc, qui a acheté un faux Vélasquez, mais admire en revanche la toilette de la duchesse comme s'il s'agissait d'une toile de maître (II, 580, 583). Les toilettes des dames de Guermantes sont d'ailleurs décrites en détail par le narrateur lors de la soirée *Phèdre* (II, 41-58).

Dans *Guermantes* l'incompatibilité entre la création artistique et la vie mondaine commence à s'ébaucher par le biais des arts visuels. Le narrateur nous dit qu'un peintre a échoué dans sa carrière parce qu'il passait pour un homme du monde (II, 458). Inversement, on sait que Swann n'aurait jamais osé présenter Elstir aux Guermantes, parce que le peintre n'avait pas l'esprit Guermantes et que malgré son génie artistique, il le considérait comme un mufle en société (II, 461).

On peut relever l'intervention des arts visuels dans la structure narrative de *Guermantes*, en dehors des thèmes déjà mentionnés, pour les faits suivants: au début du livre, Marcel reçoit le portrait de Miss Sacripant via Morel, ce qui permet de lier l'histoire (il avait demandé ce portrait à Elstir dans *Jeunes Filles*), les arts (peinture et musique), et les personnages de *la Recherche* entre eux (Morel et Odette) (II, 266). Plus tard, Marcel, après avoir invoqué le désir de voir les tableaux d'Elstir pour être reçu chez la duchesse, une fois chez elle, l'oublie complètement, elle et son dîner, tant il est absorbé par la contemplation des Elstir (II, 418). Le repas s'en trouve retardé (II, 433). Cette scène est capitale dans la structure narrative du texte, car elle représente le point de départ d'une réflexion théorique sur la peinture, la littérature, la création artistique, et la découverte de « l'Instant » (II, 418-22).

Le temps est de nouveau associé aux arts visuels: notons le passage où le narrateur dit que les femmes sont « différentes de celles d'autrefois, puisque ce sont des Renoir, ces Renoir où nous nous refusions jadis à voir des femmes » (II, 327). Il ajoute:

> Tel est l'univers nouveau et périssable qui vient d'être créé. Il durera jusqu'à la prochaine catastrophe géologique que déchaîneront un nouveau peintre, un nouvel écrivain originaux. (II, 327)

Cette analyse théorique rejoint également le thème de la fusion réel-imaginaire, qui envahit de plus en plus le texte. Il faut remarquer à ce sujet que dès le début de *Guermantes*, le narrateur indique qu'après n'avoir été qu'un élément de vitrail ou de verre de lanterne, les Guermantes deviennent réels (II, 11). Or, dans *Le Temps retrouvé*, ils réapparaîtront comme appartenant à un vitrail. La démarche déjà observée:

imaginaire —> réel —> imaginaire

est donc reprise, et de nouveau se forme un lien entre réel, imaginaire et temps.

Les textes où réel et imaginaire se confondent sont très nombreux, qu'il s'agisse d'Albertine, de la duchesse, de Saint-Loup, du baron de Charlus (II, 367, 370, 144, 374, 409, 414, 267), de Doncières et des tableaux de brume, de Pigalle comparée à une peinture impressionniste, de la mort sculptant la grand-mère en gisante, des effets de profondeur observés dans un jardin ou d'une vue de Paris semblant sortir d'un tableau hollandais (II, 97-99, 164, 324, 345, 361, 364, 384, 572, 573). La généalogie des aristocrates et l'art du vitrail ou l'architecture romane sont souvent comparées et l'idée dominante de ces comparaisons est celle d'unité, de fermeture (II, 537, 543)[20]:

> Telle l'aristocratie, en sa construction lourde, percée de rares fenêtres, laissant entrer peu de jour, montrant le même manque d'envolée, mais aussi la même puissance massive et aveuglée que l'architecture romane, enferme toute l'histoire, l'emmure, la renfrogne. (II, 537)

Soulignons enfin que deux prolepses se rapportant aux arts visuels apparaissent dans *Guermantes:* le narrateur dit d'abord qu'un jugement erroné de la duchesse de Guermantes (sur les Hals vus d'un tramway) servira plus tard à son œuvre, et plus loin, c'est l'influence future de Charlus sur son œuvre qui est mise en relief (II, 548-49, 567).

Sodome et Gomorrhe:

Les arts visuels interviennent dans la structure de l'histoire de *Sodome et Gomorrhe*, rejoignant les thèmes déjà relevés. D'abord, celui de l'amour, surtout dans *Les Intermittences du cœur*. S'interrogeant sur le « mauvais genre » d'Albertine et d'Andrée, Marcel décide de les gêner en arrivant à l'improviste chez Elstir, car il pense que pendant le retour elles

---

[20]Cette idée de construction unie peut être rapprochée de l'armature de *la Recherche* elle-même, conçue comme une cathédrale.

pourraient s'amuser. Il voit donc dans leur visite chez le peintre un prétexte à d'autres plaisirs (II, 803). Plus tard, lors d'une discussion avec les Cambremer, il s'avère qu'Albertine ne connaît pas les Ver Meer et qu'« elle croyait que c'était des gens vivants. Mais il n'y parut pas » (II, 814). Ce fait la rapproche encore d'Odette qui, on s'en souvient, ne connaissait pas encore Ver Meer dans *Un Amour de Swann*. Par ailleurs, Marcel, craignant que son amie ne s'ennuie, lui conseille la peinture pour s'occuper (II, 856). Elle décide de prendre comme modèle l'église de Saint-Jean-de-la-Haise, une autre œuvre d'art visuel (II, 993). Marcel fait confiance au jugement favorable d'Elstir sur la petite bande, pour se rassurer sur les mœurs d'Albertine (II, 865). En visite avec elle chez le peintre, il s'aperçoit de son goût grandissant pour les toilettes (II, 994).

Les arts visuels donnent une certaine image de la société dans *Sodome et Gomorrhe*. Les excuses artistiques de Mme de Guermantes lui permettent de refuser élégamment une invitation (II, 684)[21]. Charlus, lui, ne parle du portrait de Jacquet qu'en vue d'un moyen de voir le fils Surgis (II, 695, 707). Mais ce sont surtout les conversations mondaines sur les arts visuels qui sont à révéler. On apprend que les gens du monde se choisissent un artiste préféré, tel cet avocat dont l'hôtel parisien est « une sorte de temple à Le Sidaner » (II, 806, 821). L'empereur Guillaume, par contre, ne s'y connaît pas en peinture et a « forcé M. Tschudi de retirer les Elstirs des musées nationaux » (II, 947). On entend les Cambremer parler peinture dans un compte rendu ironique du narrateur. De Mme de Cambremer, il dit: « on ne peut pas dire qu'elle fût bête; elle débordait d'une intelligence que je sentais m'être entièrement inutile » (II, 811). Il ajoute encore: « mais le nom de Poussin, sans altérer l'aménité de la femme du monde, souleva les protestations de la dilettante » (II, 811). Quelques pages plus loin, on entend aussi l'opinion du peintre Ski sur Mme de Cambremer, tout à fait contraire à celle que le narrateur avait formulée. Ski pense que: «... il lui manque l'instruction, elle est frivole, mais elle a l'instinct des jolies choses. Elle se taira, mais elle ne dira jamais une bêtise » (II, 887). Or, le narrateur insiste à plusieurs reprises sur le mauvais goût en ameublement de Mme de Cambremer (par exemple pour La Raspelière), ou sur la passion

---

[21]De même Odette et Albertine invoquent leur intérêt pour l'art afin de faire ce qu'elles veulent.

frisant le ridicule qu'elle éprouve pour l'art réaliste (II, 917-18, 924)[22]. Les jugements de Ski semblent donc peu sûrs (II, 903, 956)[23]. Le texte le plus long qui lui est consacré le met en parallèle avec Elstir, et par cela, rejoint la structure du récit et le thème du temps. En effet, si on sait d'abord que Mme Verdurin le trouve plus artiste qu'Elstir, on apprend aussi que ce dernier a une répulsion profonde pour Ski, répulsion que lui inspirent: « plus encore que les êtres tout à fait opposés à nous, ceux qui nous ressemblent en moins bien, les défauts dont nous nous sommes guéris, nous rappelant fâcheusement ce que nous avons pu paraître à certains avant que nous fussions devenus ce que nous sommes » (II, 873). Comment ne pas penser alors à M. Biche et à ses tirades grotesques dans le salon Verdurin du temps de Swann? Le peintre Biche qui a peint Miss Sacripant et que Mme Verdurin appelle maintenant Tiche, et qu'elle critique durement (II, 938). Le passage qui suit est une reprise sommaire des références à M. Biche dans *Un Amour de Swann,* mais il s'agit d'un renversement de situations car, avec le temps, Biche-Elstir est tombé en disgrâce chez les Verdurin (I, 938-40). On retrouve dans ce texte les cheveux mauves de Cottard, que Mme Verdurin continue à apprécier et à défendre, pour mieux accuser le Elstir nouvelle manière, c'est-à-dire celui qui a échappé à son emprise, pour l'amour d'une femme. Elle ajoute que Tiche était d'ailleurs vulgaire, médiocre, sale et surtout « exessivement bête », bien qu'agréable et charmant. Le revirement de Mme Verdurin vis-à-vis de son ancien protégé est un autre signe du passage du temps. En montrant les roses d'Elstir à Marcel, elle ajoute une remarque apparemment anodine mais qui reprend le thème du conflit entre la création artistique et la vie mondaine:

> « Du jour où il a quitté le petit noyau, ça a été un homme fini. Il paraît que mes dîners lui faisaient perdre du temps, que je nuisais au développement de son génie, dit-elle sur un ton d'ironie. Comme si la fréquentation d'une femme comme moi pouvait ne pas être salutaire à un artiste! » (II, 943)

---

[22]Plus loin, les Cambremer critiquent le goût des Verdurin, et le narrateur commente à ce sujet « la culture toute postiche » de Mme de Cambremer, qui « s'appliquait uniquement à la philosophie idéaliste, à la peinture impressionniste et à la musique de Debussy » (III, 944-45).

[23]Mis au courant des mœurs de Charlus, Ski en conclut que le baron doit avoir une mauvaise situation mondaine (II, 903).

Notons d'autre part, dans la structure du récit, une prolepse se rapportant aux arts visuels. Déclarant que dans ses jugements mondains entrent des impressions poétiques, le narrateur dit:

> . . . quand je calculais les mérites d'un salon, mon addition n'était jamais juste. Certes ces causes d'erreur étaient loin d'être les seules, mais je n'ai plus le temps, avant mon départ pour Balbec (où pour mon malheur, je vais faire un second séjour qui sera aussi le dernier), de commencer des peintures de monde qui trouveront leur place bien plus tard. (II, 741-42)

Cette triple prolepse porte à la fois sur le temps de l'histoire et sur celui du récit. Elle nous apprend que Marcel va partir à Balbec, que le narrateur s'apprête à transcrire les événements qui s'y sont passés, et que plus tard, lorsqu'il aura plus de temps, il finira ses peintures du monde. Par ailleurs le choix du mot « peinture » ne peut être arbitraire: à sa façon, l'écrivain est un peintre et dans *Sodome et Gomorrhe,* deux femmes du monde ont discerné chez Marcel un talent de peintre (II, 810, 898).

Nous avons montré qu'il existait une fusion, une réciprocité, un mélange entre les arts visuels et la réalité dans l'esprit de Marcel, du narrateur, et même de ses personnages. Le narrateur dit: « mes yeux, instruits par Elstir à retenir précisément ce que j'écartais jadis, contemplaient longuement ce que la première année ils ne savaient pas voir » (II, 783). Pour illustrer ce changement de vision, il décrit un paysage marin en y introduisant la métaphore terrestre chère à Elstir; il semble peindre avec des mots un tableau faisant pendant au tableau du petit port de Carquethuit par Elstir (tableau lui même rendu par des mots dans *la Recherche:* II, 783-84). Plus tard, au cours d'une promenade à cheval, il reconnaît « le paysage montagneux et marin qu'Elstir a donné pour cadre à ces deux admirables aquarelles, 'Poète rencontrant une muse', 'Jeune homme rencontrant un Centaure' » (II, 1029). Tout à coup, un aéroplane passe au-dessus de lui, tel un demi-dieu. Et, à ce moment, c'est la réalité qui vient rejoindre l'imaginaire, en devenant aussi belle, aussi imprévue que lui.

Charlus (comme Swann) semble aussi aimer mêler réel et imaginaire. Il trouve un charme rétrospectif au portrait de Jacquet à cause de sa ressemblance aux fils Surgis (II, 695). Là où on avait observé une démarche allant du réel (fils Surgis) à l'imaginaire (sa ressemblance avec le portrait de Jacquet), puis au réel (une excuse artistique pour revoir le fils Surgis), on trouve à présent la démarche inverse, allant de l'imaginaire (portrait de Jacquet) à la réalité (fils Surgis) et de nouveau à l'imaginaire (le charme supplémentaire du portrait) . Tous les personnages de *la Recherche* n'ont pourtant pas acquis cette vision artistique du réel et de l'imaginaire. Par exemple, pour les Verdurin, il suffit « de savoir que ce soleil couchant était . . . comme une magnifique peinture, comme un précieux émail japonais, . . . mais vers lequel ils levaient rarement les yeux », et de baptiser un endroit de leur parc « Vue de la Baie » (II, 905). Si donc dans le rapport du narrateur et du petit port de Carquethuit on observe la démarche suivante:

Imaginaire ———————> réel ————————> réel ——————————> imaginaire
tableau   sujet du   vision changée   écriture
tableau   du sujet   picturale

chez les Verdurin par contre, cette démarche reste figée: l'imaginaire n'embellit pas le réel, le réel n'embellit pas l'imaginaire.

L'évolution de la vision artistique du narrateur se retrouve à la fin de *Sodome et Gomorrhe:* désormais, il n'emploie plus son temps libre à « confronter un site peint par Elstir avec l'esquisse », c'est-à-dire le réel avec l'imaginaire, mais, contemplant le réel avec un regard neuf, il atteint l'imaginaire (II, 1111). Citons en exemple les nombreuses références au coucher de soleil de Balbec:

> Je vis en face de moi, dans le ciel, cette même petite lueur d'un rouge éteint, qu'on voyait au restaurant de Rivebelle dans une étude qu'Elstir avait faite d'un soleil couché. (II, 1116)

Ces lignes correspondent à un moment de l'histoire où Marcel n'a plus de doutes sur le vice d'Albertine et, écrasé de chagrin, n'envisage le reste de sa vie que comme une prolongation de ses souffrances (II, 1117). La lumière paraît, et cette indication nous laisse deviner qu'il a passé la nuit à se tourmenter sur les vices d'Albertine. Il se plonge alors dans l'imaginaire:

> . . . je ne pus retenir un sanglot quand, dans un geste d'offertoire mécaniquement accompli et qui me parut symboliser le sanglant sacri-fice que j'allais avoir à faire de toute joie, chaque matin, jusqu'à la fin de ma vie, renouvellement solennellement célébré à chaque aurore de mon chagrin quotidien et du sang de ma plaie, l'œuf d'or du soleil,

comme propulsé par un changement de densité, barbelé de flammes comme dans les tableaux, creva d'un bond le rideau derrière lequel on le sentait depuis un moment frémissant et prêt à entrer en scène et à s'élancer, et dont il effaça sous des flots de lumière la pourpre mystérieuse et figée. Je m'entendis moi-même pleurer. (II, 1128)

La mère de Marcel, entendant les sanglots de son fils, arrive dans sa chambre et, apercevant le soleil levant, lui montre la fenêtre. Mais derrière cette scène magnifique de lever de soleil, c'est la chambre de Montjouvain qu'imagine Marcel, et Albertine y a pris la place de l'amie de Mlle Vinteuil.

C'est cette scène que je voyais derrière celle qui s'étendait dans la fenêtre et qui n'était sur l'autre qu'un voile morne, superposé comme un reflet. Elle semblait elle-même, en effet, presque irréelle, comme une vue peinte. (II, 1129-30)

Le narrateur décrit alors la scène qu'il a maintenant sous les yeux[24].

. . . des bateaux passaient en souriant à la lumière oblique qui jaunissait leur voile et la pointe de leur beaupré comme quand ils rentrent le soir: scène imaginaire, grelottante et déserte, pure évocation du couchant, qui ne reposait pas, comme le soir, sur la suite des heures du jour que j'avais l'habitude de le voir le précéder, déliée, interpolée, plus inconsistante encore que l'image horrible de Montjouvain qu'elle ne parvenait pas à annuler, à couvrir, à cacher, —poétique et vaine image du souvenir et du songe. (II, 1130)

Ce texte est une illustration parfaite de la fusion entre le réel et l'imaginaire: la réalité prend les dimensions de l'imaginaire, devient plus « inconsistante », plus irréelle que lui; l'imaginaire en contrepartie devient réel et influence la réalité: Marcel vient de décider d'épouser Albertine (II, 1131)[25].

---

[24]Le vocabulaire est à dominance picturale dans ce texte.

[25]Cette fusion entre réel et imaginaire se rapproche de celle qui s'opère entre la robe de Fortuny, les oiseaux présageant un départ, et l'envie d'aller à Venise à la fin de *La Prisonnière*.

La Prisonnière:

Dans le début de *La Prisonnière*, le narrateur, comparant l'Albertine d'autrefois et celle avec qui il vit à présent, reconnaît que la visite chez Elstir a permis de rapprocher du sien « le plan parallèle » où elle vivait (III, 68-69). Il insiste donc ouvertement sur l'influence du peintre dans la structure de l'histoire, en ce qui concerne ses amours. Albertine, elle, commence à avoir un certain goût visuel, et surtout dans ses toilettes (goût affiné par Elstir et les toilettes de Mme de Guermantes); elle conserve en revanche un certain respect pour un bronze de Barbedienne affreux que, tout en le sachant tel, Marcel garde par amour pour elle (III, 32, 177). Plus loin, Marcel admire les peintures de son amie qui lui dit alors qu'elle n'a jamais pris de leçons de dessin, révélant ainsi sans s'en rendre compte le mensonge des prétendues leçons de dessin qu'elle prenait à Balbec (III, 180)[26]. Si les arts visuels jouent un rôle dans l'amour, l'amour à son tour influence les arts visuels, du point de vue du narrateur. Par exemple, lorsque Charlus, dans l'antichambre des Verdurin, demande à Marcel s'il travaille, celui-ci lui répond négativement et ajoute qu'il s'intéresse toutefois, à ce moment, aux services d'argenterie et de porcelaine. On peut se demander si cette remarque est une allusion subtile à un éventuel mariage avec Albertine (III, 226). A la fin de *La Prisonnière*, il se prive d'aller voir les tableaux d'Elstir intitulés « Plaisirs de la Danse » et « Portrait de la famille X. . . », qui figurent des femmes nues, de peur que ces œuvres ne donnent à Albertine l'idée et l'envie de certains plaisirs (III, 404).

Dans *La Prisonnière*, les arts visuels ne sont presque pas liés au thème de la société, contrairement à *Guermantes* et *Sodome et Gomorrhe*. A peine retrouve-t-on ici ce que l'on avait déjà vu, à savoir l'incompréhension totale des gens du monde devant la peinture d'Elstir, hormis Charlus bien sûr, qui possède un merveilleux don d'observation visuelle, « aussi bien d'une toilette que d'une toile », ou Swann, qui, par ses comparaisons visuelles, ajoute une dignité artistique à des femmes insignifiantes (III, 273, 208, 210, 384).

La structure de l'histoire de *La Prisonnière* utilise les arts visuels dans deux événements d'importance: la mort de Bergotte, à l'exposition des Ver Meer, qui entraîne un passage théorique fameux sur le style littéraire et pictural, et la mort de Swann, dont le souvenir ne sera peut-être pas

---

[26]De la même façon, on saura plus tard que Morel aussi avait menti à Charlus au sujet des leçons d'algèbre.

complètement oublié grâce à son intérêt pour la musique et la peinture (III, 186, 199). Le narrateur introduit à cette occasion une prolepse dans la structure du récit, en annonçant l'immortalité de Swann grâce à son rôle dans l'œuvre (III, 200). Swann avait conseillé à Marcel la vie de collectionneur, vie que Charlus lui avait reproché de ne pas connaître, en s'exclamant un jour: « Comme c'est laid chez vous! » (III, 387). Ces deux personnages en restent cependant au stade de dilettantes, alors que Marcel, en faisant une collection un peu particulière, celle de « peintures » du monde, non seulement assure sa renommée et son immortalité, mais aussi permet à Charlus et Swann de ne pas sombrer dans l'oubli.

Les arts visuels contribuent à la structure temporelle surtout dans la deuxième moitié de *La Prisonnière*. Par exemple, Albertine, qui depuis Balbec a fait des progrès et commence à comprendre l'art, écoute Marcel souligner les contradictions esthétiques d'Elstir, en particulier à propos de l'église de Marcouville l'Orgueilleuse (III, 167-68). On remarque que ce passage est en fait une reprise détaillée, dialoguée, d'un bref commentaire du narrateur dans *Sodome et Gomorrhe*. Par ailleurs, au cours d'une rencontre, Brichot raconte à Marcel « les pantalonnades » d'Elstir, du temps où le salon Verdurin n'était pas Quai Conti. On assiste donc ici à une rétrospective d'Elstir de la part d'un témoin visuel (III, 202). D'abord M. Biche, peintre vulgaire mais apprécié de Verdurin, puis Elstir, grand peintre de Balbec, ensuite Tiche, peintre bête mais doué tel que se le rappelle Mme Verdurin, Elstir redevient le peintre jeune et fantaisiste tel que s'en souvient un témoin peut-être objectif: Brichot. Une comparaison permet, semble-t-il, de fournir des indications sur le temps du récit: bien que le Cubisme soit un mouvement déjà connu, qui soulève des polémiques à Paris, le narrateur ne mentionne le nom des Cubistes que deux fois dans *la Recherche*, et pour la première fois dans *La Prisonnière*, à propos de Charlus:

> Je suis bien vieux jeu, mais je ne comprends pas, dit-il du ton d'un vieux gallican parlant de certaines formes d'ultramontisme, d'un royaliste libéral parlant de l'Action Française, ou d'un disciple de Claude Monet des Cubistes. (III, 307)

De même, une autre comparaison visuelle s'inscrit dans le temps du récit: Albertine endormie est comparée à une gisante de pierre, ce qui peut être vu comme une anticipation de la mort de la jeune fille. Anticipation non seulement ressentie confusément par Marcel, qui reste devant « cette figure allégorique de quoi? de ma mort? de mon amour? » (III, 359-60); mais aussi transmise par le narrateur dans le récit par une répétition: en effet, la seule autre personne à être ainsi comparée à une gisante est la grand-mère de Marcel, dans *Sodome et Gomorrhe*. En rapprochant ces deux comparaisons, on peut deviner la mort inévitable et prochaine d'Albertine. Ce pressentiment de la mort est d'ailleurs surtout exprimé par les arts visuels, et rejoint le thème de la fusion entre réel et imaginaire, à la fin de *La Prisonnière:* la robe de Fortuny (artiste découvert grâce à Elstir), que porte Albertine, évoque Venise grâce aux descriptions qu'Elstir a faites à Marcel des robes des contemporaines de Carpaccio et du Titien, robes qui, d'après le narrateur, renaissent de leurs « cendres », comme le proclament les oiseaux qui signifient à la fois la mort et la résurrection. Il parle des robes de Fortuny, vante leur force d'évocation, plus grande « même qu'un décor, puisque le décor restait à imaginer, la Venise toute encombrée d'Orient . . . » (III, 368-69).

La vue de ces robes rend encore plus pénible l'esclavage de Marcel à Paris (III, 370). La première fois qu'Albertine porte la robe de chambre qui évoque Venise, le narrateur répète encore que la robe lui semble « comme l'ombre tentatrice de cette invisible Venise » (III, 394). Il décrit ses ornementations en les comparant à divers monuments de Venise:

> . . . comme les palais de Venise . . . comme les reliures de la Bibliothèque Ambrosienne, comme les colonnes desquelles les oiseaux orientaux qui signifient alternativement la mort et la vie, se répétaient dans le miroitement de l'étoffe. . . . (III, 394)

Nous retrouvons donc ici les oiseaux fatidiques dont il a déjà été question à propos de la robe et de la mort. Or, ce soir-là, éclate une dispute entre Albertine et Marcel; mais ce dernier, sachant que les essayages des robes de Fortuny n'auront lieu que huit jours plus tard, est certain qu'Albertine ne le quittera pas sans le prévenir, en abandonnant ces robes (III, 399). D'ailleurs, le lendemain, il est convenu qu'ils iront voir les verreries de Venise (III, 399). Marcel est cependant vaguement inquiet, car Abertine ne lui a pas rendu son baiser du soir:

> Je l'embrassai alors une seconde fois, serrant contre mon cœur l'azur miroitant et doré du Grand Canal et les oiseaux accouplés, symboles de mort et de résurrection. Mais une seconde fois, elle, au lieu de me

rendre mon baiser, s'écarta avec l'espèce d'entêtement instinctif et néfaste des animaux qui sentent la mort. (III, 399)

Dès lors, et jusqu'au départ d'Albertine, les références à la robe de Fortuny et aux oiseaux fatidiques se multiplent. Marcel dit à son amie: « . . . vous devriez enlever cette robe, c'est trop chaud, . . . et il y a entre nous ces oiseaux fatidiques » (III, 400)[27]. Les comparaisons ayant trait à des oiseaux abondent: inquiété par le baiser sur la joue d'Albertine, Marcel ne peut dormir: « Comme un oiseau qui va d'une extrémité de sa cage à l'autre, sans arrêter je passais de l'inquiétude qu'Albertine pût partir à un calme relatif » (III, 401). Plus tard, il dit: « . . . je continuai à penser, comme à un présage plus mystérieux et plus funèbre qu'un cri de chouette, à ce bruit de la fenêtre qu'Albertine avait ouverte » (III, 402). Albertine ne part pas cette nuit-là. En attendant d'aller à Venise, Marcel veut aller au Louvre voir les tableaux vénitiens, mais y renonce de peur que ces œuvres ne donnent des idées lascives à son amie et décide d'aller plutôt à Versailles (III, 405). Albertine, vêtue d'un peignoir de Fortuny, glisse simplement par-dessus un manteau du même artiste pour sortir. Dans les rêveries de Marcel, cette même nuit, la robe déclenche tout à coup un ancien désir de Venise, celui qu'il avait éprouvé enfant (III, 412):

> . . . me trouver face à face avec mes imaginations vénitiennes; contempler comment cette mer divisée enserrait de ses méandres, comme les replis du fleuve Océan, une civilisation urbaine et raffinée, mais qui, isolée par leur ceinture azurée, s'était développée à part, avait eu à part ses écoles de peinture et d'architecture—jardin fabuleux de fruits et d'oiseaux de pierre de couleur, fleuri au milieu de la mer qui venait la rafraîchir, frappait de son flux le fût des colonnes et, sur le puissant relief des chapiteaux, comme un regard de sombre azur qui veille dans l'ombre, pose par taches et fait remuer perpétuellement la lumière.
> Oui, il fallait partir, c'était le moment. . . . (III, 413)

Cette décision est un peu tardive: Albertine s'est envolée quelques heures plus tôt (III, 414).

---

[27]Nous avons déjà relevé l'importance de ces oiseaux dans le domaine musical (III, 400-01).

L'influence des arts visuels (en l'occurrence la robe de Fortuny) sur la structure de l'histoire et celle du récit repose en grande partie sur la dualité réel-imaginaire (par exemple les oiseaux). Cette dualité était déjà annoncée au début de *La Prisonnière,* par la comparaison de Marcel, lorsqu'il demande à Mme de Guermantes: « Et cette robe de chambre qui sent si mauvais, que vous aviez l'autre soir, et qui est sombre, duveteuse, tachetée, striée d'or comme une aile de papillon? » (III, 43). Il imagine aussi un tableau qui s'intitulerait « Au téléphone » (III, 100). Il se compare, quand il envoie chercher des petites filles faisant des commissions, à Elstir se faisant rapporter des bouquets et imaginant alors tout un sous-bois (III, 139). Cette comparaison est reprise deux pages plus loin (III, 141). Le narrateur ajoute une autre dimension à cette dualité, en indiquant que Charles Swann est le personnage entre « Gallifet, Edmond de Polignac et Saint-Maurice » dans « le tableau de Tissot représentant le balcon du Cercle de la rue Royale » (III, 200). Il introduit alors un grand nombre de précisions réelles et vérifiables un personnage imaginaire dans un tableau réel (mais représentant une scène imaginée par un peintre) dans un roman réel (celui qui est en train d'être écrit) mais qui raconte une histoire peut-être imaginaire. Il est difficile de pouvoir brouiller les cartes de plus subtile façon.

Albertine elle-même est touchée par cette faculté de mêler le réel et l'imaginaire; elle décrit des glaces comme s'il s'agissait des montagnes d'Elstir, dans un passage où le narrateur « défie Elstir lui-même d'avoir pu deviner en Albertine ces richesses de poésie » (III, 130-31). Ce texte est remarquable par son style pictural, mais, bien qu'il soit prêté à Albertine, c'est dans tout *La Prisonnière* qu'on trouve une écriture de plus en plus picturale. Citons par exemple le texte où le narrateur compare l'Albertine de jadis et celle du temps actuel (couleurs, profondeur, volumes, éclairages); ou celui où la fillette portant son linge passe comme dans une frise animée (III, 68-69, 138).

Il faut enfin noter que, déjà dans *La Prisonnière,* les arts visuels sont comparés entre eux, comme nous le verrons plus tard.

La Fugitive:

Les arts visuels jouent un rôle important dans *La Fugitive,* en particulier pour l'amour: Marcel, écrivant à Albertine, mentionne le nom d'Elstir (à qui il dit avoir écrit pour lui demander conseil) dans sa lettre comme un appât de plus pour la faire revenir (III, 455). Un coup de théâtre se produit un peu plus tard, lorsque Françoise révèle que la deuxième bague de la jeune fille représente le même motif que la première, ce qui prouve qu'elle avait menti au sujet de son origine (III, 463). A Venise, l'aigle d'une façade stylisé de la même façon que celui de la bague ravivera le souvenir et la souffrance de Marcel (III, 641). Il déclare que de même:

> Carpaccio. . . faillit un jour ranimer mon amour pour Albertine . . . .
> Sur le dos d'un des *Compagnons de la Calza*, . . . , je venais de recon-
> naître le manteau qu'Albertine avait pris pour venir avec moi en voiture
> découverte à Versailles, le soir où j'étais loin de me douter qu'une
> quinzaine d'heures me séparaient à peine du moment où elle partirait de
> chez moi. (III, 646-47)

On voit donc que le narrateur n'utilise pas seulement la technique de réapparition des personnages, mais aussi celle des objets, dans la réalité, et dans les œuvres d'art. On apprend également dans *La Fugitive* qu'Elstir aurait été l'amant d'Odette, ce qui expliquerait peut-être le portrait de Miss Sacripant et sa réticence à le donner à Marcel (III, 440).

Il est assez peu question de la vie mondaine dans ce texte. Cependant on voit Marcel, en visite chez les Guermantes, chercher désespérément un moyen de parler de la parution de son article dans *le Figaro*. Il s'écrie:

> Ah, oui, l'Elstir que j'admirais en haut. Il est bien mieux que dans ce
> couloir. A propos d'Elstir je l'ai nommé hier dans un article du *Figaro*.
> Est-ce que vous l'avez lu? (III, 583)

Elstir est du reste devenu très à la mode dans le monde, et les Guermantes ont ressorti deux dessins de lui et les ont accrochés au salon (III, 583).

Ce fait anodin rejoint le thème du temps, saisi dans le cadre d'une petite société. Non seulement les Guermantes apprécient de nouveau les Elstir, maintenant que ses peintures sont hors de prix, mais encore les dessins que la duchesse a conservés avaient été choisis par leur ami Swann. Cependant Gilberte est présente, et personne n'ose plus prononcer devant elle le nom de son père, depuis qu'elle a été adoptée par Forcheville (III, 582). Les temps ont changé: on ressort les tableaux qu'on avait rélégués, et on renie l'homme qui avait eu le bon goût et la sagesse de les conseiller. Tous ces éléments servent à consolider la structure du temps. Le narrateur lui-même, avec le temps, change d'opinion: quand Albertine croyait qu'elle aurait plus de plaisir en voyant des monuments, des tableaux en sa compagnie, dans *Sodome et Gomorrhe,* il n'était pas d'accord: « Ce plaisir-là, je ne me sentais pas capable de le donner. Je n'en ressentais devant les belles choses que si j'étais seul, ou feignais de l'être et me taisais » (II, 995). Or, il n'en est plus ainsi dans *La Fugitive:* « Aujourd'hui, je suis au moins sûr que le plaisir existe sinon de voir, du moins d'avoir vu une belle chose avec une certaine personne »[28].

Les éléments artistiques visuels contribuent à la structure du récit par l'intermédiaire du narrateur qui souligne comment ils sont intervenus dans la structure de l'histoire:

> . . . puisque je n'aurais pas connu Albertine si je n'avais pas lu dans un traité d'archéologie la description de l'église de Balbec; si Swann, en me disant que cette église était presque persane, n'avait orienté mes désirs vers le normand byzantin; . . . . (III, 500)

La fusion entre le réel et l'imaginaire visuels s'opère à plusieurs reprises dans *La Fugitive,* suivant diverses démarches: le narrateur, se souvenant qu'Albertine lui rappelait les tableaux d'Elstir où il y avait des femmes nues, et qu'il ne le lui disait pas de peur d'éveiller chez elle un désir amoureux, imagine maintenant Albertine comme faisant partie du tableau. Après avoir décrit Venise en la comparant à Combray, il met en évidence les deux façons qu'ont les peintres de peindre Venise (la Venise factice et froidement esthétique, ou celle « réaliste des humbles campis »), et donne tort aux peintres qui ont choisi cette seconde manière (III, 623-25, 626). Le narrateur lui-même utilise à son tour ces deux points de vue, décrivant d'abord la splendeur de l'architecture vénitienne, de la chapelle de Giotto, des calli de Venise qui sont comme « une exposition de cent tableaux hollandais juxtaposés » ou bien encore comme le cadre des *Mille et Une Nuits* (III, 625, 648, 650-51). Mais c'est une toute autre Venise qui est décrite deux pages plus loin, et cette contrepartie réaliste correspond au moment de l'histoire où Marcel est seul, délaissé par sa mère, et où, désanchanté, il écoute *Sole Mio* et voit Venise avec d'autres yeux:

---

[28]Il parle ici de sa mère (II, 646).

Car je me sentais seul, les choses m'étaient devenues étrangères, je n'avais plus assez de calme, pour sortir de mon cœur palpitant et introduire en elles quelque stabilité. La ville que j'avais devant moi avait cessé d'être Venise. Sa personnalité, son nom, me paraissaient comme des fictions mensongères que je n'avais plus le courage d'inculquer aux pierres. Les palais m'apparaissaient réduits à leurs simples parties et quantités de marbre pareilles à toutes autres, et l'eau comme une combinaison d'hydrogène et d'azote, éternelle, aveugle, antérieure et extérieure à Venise, ignorante des Doges et de Turner. (III, 652)

Le Temps retrouvé:

Dans cette dernière partie de *la Recherche*, les arts visuels n'interviennent presque plus dans les thèmes de l'amour et de la société. A peine apprend-on que les femmes du monde ne vivent plus que pour les Cubistes:

... l'art les avait touchées comme la grâce. Et comme au XVIIe siècle d'illustres dames entraient en religion, elles vivaient dans un appartement rempli de peintures cubistes, un peintre cubiste ne vivant que pour elles et elles ne vivant que pour lui. (III, 946)

On peut ainsi dater à peu près le temps de l'histoire.

Par contre les arts visuels viennent renforcer les structures profondes, en particulier celle du temps. Comme le titre l'indique, tous les éléments de l'œuvre vont se retrouver, s'allier, s'unir. De retour à Combray après bien des années, Marcel se promène plus tard dans la journée qu'à l'époque de *Swann*, parce que Gilberte peint dans la chapelle du château (III, 691). Au plaisir du coucher de soleil de jadis a succédé le plaisir de la nuit qui tombe. La vue du clocher de Combray, « peint en bleu sombre », « presque seulement dessiné », s'inscrit dans le carreau de la fenêtre, « dans le vaste tableau verdoyant », et met sous les yeux du narrateur « la distance des lieux et des années » (III, 698). On note dans tout ce passage l'écriture picturale et l'importance des couleurs bleu et rouge, reprenant le thème de la nuit tombée, au lieu du soleil d'autrefois. Le temps de l'histoire est indiqué par les arts visuels: nous savons que c'est la guerre, car on ne trouve plus de tableaux, mais des robes, dans les musées (III, 724). La guerre stimule d'ailleurs la mode anglaise et la tendance à créer « de la coquetterie avec des riens » (III, 725). Les visages changent, le goût aussi. Les Verdurin n'aiment plus le modern style, et Mme Verdurin, peu fidèle à ses propos dans *Sodome et Gomorrhe,* raconte (dans le journal des Goncourt) qu'Elstir ne connaissait rien aux fleurs, et que c'est elle qui les arrangeait pour lui (III, 731, 714). La duchesse de Guermantes, après avoir détesté puis adoré le style Empire, déclare à présent l'avoir toujours détesté (III,1025). Brichot s'inquiète que les monuments français ne soient mutilés (III, 794). Charlus se contredit légèrement: après avoir déploré plus que tout la destruction des monuments français, il se trouve ensuite d'accord avec Marcel, et Barrès, qui a écrit que la cathédrale de Reims était moins chère que la vie d'un soldat; Charlus ira jusqu'à trouver plus tard que les poilus sont bien aussi beaux que la cathédrale de Rouen (III, 794, 807). Au cours de cette discussion, Charlus mentionne la destruction de l'église de Combray (III, 795). Marcel lui aussi s'inquiète de la vulnérabilité des monuments de Paris et admire leur plénitude fragile (III, 803). Paris est menacé et c'est Charlus qui entreprend de le comparer avec Pompéi:

> Les fêtes remplissent ce qui sera peut-être, si les Allemands avancent encore, les derniers jours de notre Pompéi. . . . D'ailleurs n'est-ce pas déjà, depuis un an, Pompéi par fragments, chaque soir, que ces gens se sauvent dans les caves. . . . (III, 806-07)

Cette remarque de Charlus permet de dater le temps de l'histoire, 1915, puisque le narrateur avait dit, trois pages avant: « la nuit était aussi belle qu'en 1914, comme Paris était aussi menacé » (III, 802). Poursuivant sa comparaison entre Paris et Pompéi Charlus la conclut en disant: « On a retrouvé sur les murs d'une maison de Pompéi cette inscription révélatrice: Sodoma, Gomora » (III, 807). Et s'il illustre ainsi la lucidité des villes « menacées du sort des villes maudites de la Bible », il ne faut pas s'étonner de retrouver chez Jupien des « peintures pompéiennes » (III, 807, 837). Quel meilleur emplacement pour elles que cette maison du vice?

Alors que dans la première partie du *Temps retrouvé* les arts visuels insistent sur l'expérience temporelle de l'histoire et de l'époque, dans la Matinée Guermantes ils servent surtout à relier les fils temporels du récit. La raison même pour laquelle Marcel décide de renouer avec la vie mondaine et de se rendre à cette Matinée, est le nom de Guermantes, qui après bien des années a repris tout le charme et la signification qu'il avait du temps de Combray quand Marcel voyait « du dehors comme une laque obscure le vitrail de Gilbert le Mauvais, Sire de Guermantes » (III, 856). On peut donc penser que ce nom, comparé à un vitrail ou une tapisserie dans le début de *la Recherche,* par la suite ayant perdu sa signification, la retrouve presque intacte à la fin de l'œuvre, puisque la même comparaison reparaît. Au cours de la Matinée Guermantes, la vue des tableaux d'Elstir, accrochés « à une place qui était un signe de sa gloire », soulève un flot de souvenirs qui reconstitue toute une vie (III, 972):

> Ainsi un amateur d'art à qui on montre le volet d'un retable se rappelle dans quelle église, dans quels musées, dans quelle collection particulière les autres sont dispersés . . . ; il peut reconstituer dans sa tête la prédelle, l'autel tout entier. . . . il n'y avait pas de personnage, presque pas même de choses ayant eu place dans ma vie, qui n'y eût joué tour à tour des rôles différents. Une simple relation mondaine, même un objet matériel, si je le retrouvais au bout de quelques années dans mon souvenir, je voyais que la vie n'avait pas cessé de tisser autour de lui des fils différents qui avaient fini par le feutrer de ce beau velours inimitable des années, pareil à celui qui dans les vieux parcs enveloppe une simple conduite d'eau d'un fourreau d'émeraude. (III, 973)

Sous les tableaux d'Elstir choisis par Swann se trouvent le duc de Guermantes et sa maîtresse actuelle . . . Odette (III, 1019).   Après avoir été renié par sa fille, même dans sa valeur de critique d'art, voilà Swann bafoué une fois de plus par sa veuve, sous un tableau choisi par lui, sous ses propres yeux en quelque sorte.   Tous les fils du passé se rassemblent sous les tableaux d'Elstir, et peut-être ceux du futur sont-ils en train de se nouer:

> Ma présentation à Mlle de Saint-Loup allait avoir lieu chez Mme Verdurin: avec quel charme je repensais à tous nos voyages avec cette Albertine dont j'allais demander à Mlle de Saint-Loup d'être un succédané—dans le petit tram, vers Doville, pour aller chez Mme Verdurin, cette même Mme Verdurin qui avait noué et rompu, avant mon amour pour Albertine, celui du grand-père et de la grand-mère de Mlle de Saint-Loup! Tout autour de nous étaient des tableaux de cet Elstir qui m'avait présenté à Albertine. Et pour mieux fondre tous mes passés, Mme Verdurin tout comme Gilberte avait épousé un Guermantes. (III, 1030-31)

Si les peintures d'Elstir sont les témoins de différentes scènes et époques, Elstir lui-même intervient dans la fusion du réel et de l'imaginaire.   En effet, il est mentionné dans le journal des Goncourt, dans une

conversation avec Mme Verdurin (III, 710) . Les frères Goncourt auraient donc parlé d'Elstir. On observe ici deux degrés d'imaginaire et de réalité:
—Elstir/imaginaire, Goncourt/réels;
—Pastiche/imaginaire, *A la Recherche du temps perdu*/réel.
Après avoir introduit un peintre imaginaire dans un pastiche d'écrivains réels, le narrateur décrit Paris comme s'il s'agissait d'un tableau, en insistant sur les couleurs, les perspectives; il utilise des métaphores marines pour décrire la ville, comme Elstir avait utilisé des métaphores terrestres pour représenter la mer:

> Dans toute la partie de la ville que dominent les tours du Trocadéro le ciel avait l'air d'une immense mer couleur de turquoise, qui se retire, laissant déjà émerger toute une ligne légère de rochers noirs, peut-être même de simples filets de pêcheurs alignés les uns après les autres, et qui étaient de petits nuages. (III, 762)

Puis il utilise d'autres métaphores terrestres, mais cette fois celles des montagnes, comme dans certains tableaux d'Elstir:

> . . . ce n'était plus une mer étendue, mais une gradation verticale de bleus glaciers. Et les tours du Trocadéro qui semblaient si proches des degrés de turquoise devaient en être extrêmement éloignées, comme ces deux tours de certaines villes de Suisse qu'on croirait dans le lointain voisiner avec la pointe des cimes. (III, 762-63)

Plus tard, il remarque qu'il faudrait peindre la guerre « comme Elstir peignait la mer, par l'autre sens, et à partir des illusions, des croyances, qu'on rectifie peu à peu, comme Dostoïevsky raconterait une vie » (III, 983). Paris, en temps de guerre est une ville « aussi irréelle qu'un décor de peintre »; le narrateur la compare à une ville d'Orient, « comme de la ville où il vivait Carpaccio fit une Jérusalem ou une Constantinople . . . » (III, 800, 703). Cette comparaison est reprise plus tard, mais par Charlus:

> Est-ce que tout l'Orient de Decamp, de Fromentin, d'Ingres, de Delacroix n'est pas là-dedans? me dit-il, encore immobilisé par le passage du Sénégalais. Vous savez, moi, je ne m'intéresse jamais aux choses qu'en peintre, en philosophe. D'ailleurs, je suis trop vieux. Mais quel malheur, pour compléter le tableau, que l'un de nous deux ne soit pas une odalisque! (III, 809)

Au cours de la Matinée Guermantes, l'une des comparaisons liant réel et imaginaire qui revient le plus souvent est celle qui rapproche les personnages à des statues, en plus figés (III, 934, 945, 998). Fait étrange, le peintre Ski n'a pas changé: « Il était un essai informe, confirmant mes théories sur l'art » (III, 936). Enfin la comparaison capitale entre le livre et une cathédrale permet de lier une fois pour toute réel et imaginaire, histoire et récit, héros et narrateur: « . . . je bâtirais mon livre, je n'ose pas dire ambitieusement comme une cathédrale, mais tout simplement comme une robe » (III, 1033).

En conclusion, les arts visuels interviennent dans la structure de *la Recherche* sur les plans suivants:
—dans l'histoire, ils rejoignent les thèmes de l'amour et de la société. Ils servent à noter que la connaissance des arts visuels par Marcel se fait progressivement, en partant d'un contexte familier (Swann, église de Combray), puis imaginaire ou imaginé (église de Balbec, Venise), puis réel (expositions, Elstir, Balbec) et mondain (les discussions artistiques dans *Guermantes* et *Sodome et Gomorrhe*)[29].
—dans le récit, on remarque que la vision artistique du narrateur s'est développée peu à peu (exemples où il décrit la réalité comme si elle appartenait à un tableau imaginé); la temporalité est découverte (l'Instant dans *Guermantes*); une théorie artistique s'ébauche (textes de *La Prisonnière*). Parallèlement une écriture de plus en plus picturale prend possession du texte (Venise dans *La Fugitive*, Paris dans *Le Temps retrouvé*).

---

[29]Par contre, nous n'avons pas de détails sur ses étapes dans la connaissance musicale, et Vinteuil reste un personnage très vague.

3. La Littérature

La littérature, plus encore que la musique ou les arts visuels participe à la structure narrative du texte, en particulier par le biais de l'œuvre en cours, qui constitue à la fois une prolepse de l'histoire de *la Recherche* et une analepse structurale du récit. Pour plus de clarté, le rôle de la littérature dans la structure narrative est étudié selon les catégories suivantes:

A—l'amour (cadre de l'histoire)
B—la société (cadre de l'histoire)
C—le temps (cadre du récit)
D—la dualité réel/imaginaire (cadre du récit)
E—l'œuvre en cours (cadre de l'histoire et du récit).

Du côté de chez Swann:

Dès la première page, à la dixième ligne du texte, le narrateur présente le jeune Marcel lisant et se prenant pour le héros de l'histoire qu'il lit et met en abîme l'œuvre entière:

> Je n'avais pas cessé en dormant de faire des réflexions sur ce que je venais de lire, mais ces réflexions avaient pris un tour un peu particulier; il me semblait que j'étais moi-même ce dont parlait l'ouvrage: une église, un quatuor, la rivalité de François Ier et de Charles Quint. (I, 3)

A—Le lien entre la littérature et l'amour, quoique peu développé, intervient dans la structure narrative des trois parties de *Swann*.

Dans *Combray*, le jeune Marcel apprend que Bergotte connaît Gilberte et le narrateur commente:

> . . . c'était être tout prêt à l'aimer. Que nous croyions qu'un être participe à une vie inconnue où son amour nous ferait pénétrer, c'est de tout ce qu'exige l'amour pour naître, ce à quoi il tient le plus, et qui lui fait faire bon marché du reste. (I, 100)

Dans *Un Amour de Swann,* l'influence de la littérature sur l'amour n'est pas aussi dévoilée. On sait seulement que *Les Filles de marbre* rappellent à Swann des souvenirs et ravivent sa jalousie et ses soupçons, et que c'est au théâtre qu'il a rencontré Odette (I, 360, 381).

Dans *Noms de pays: le nom*, on observe un renversement par rapport à la première partie de *Swann*. Alors que Marcel a d'abord aimé Gilberte à cause de Bergotte, il en est maintenant à une autre étape de cette relation entre littérature et amour:

> Quant à Bergotte, ce vieillard infiniment sage et presque divin à cause de qui j'avais d'abord aimé Gilberte, avant même de l'avoir vue, maintenant c'était surtout à cause de Gilberte que je l'aimais. (I, 410)

C'est pourquoi Marcel demande à Gilberte de lui prêter une brochure de Bergotte sur La Berma (III, 403):

> En attendant, je relisais une page que ne m'avait pas écrite Gilberte, mais qui du moins me venait d'elle, cette page de Bergotte sur la beauté des vieux mythes dont s'est inspiré Racine, et que, à côté de la bille d'agate, je gardais toujours auprès de moi. (III, 410)

Ce pouvoir que possède la littérature, le livre en général, d'évoquer la personne aimée, de la représenter, de la remplacer, se retrouve dans le livre de Mme de Sévigné, pieusement conservé et relu par la mère de Marcel pour y apercevoir l'ombre de sa propre mère. Ce même pouvoir s'exerce dans les livres que Charlus prête à Marcel (puis à Morel) avant de les lui réclamer violemment, comme si le livre prêté représentait un don de soi mal apprécié du destinataire; ou bien encore dans le livre de Bergotte que Marcel prête à Albertine, qu'il lui reprend et lui redonne avant la rupture finale.

B—Marcel est initié à la littérature par la conversation des adultes, et sa société à cette époque se limite à celle de ses parents et de leurs amis. Il entend Swann parler de Saint-Simon, et de son « journal merveilleusement écrit » (I, 25). Legrandin, lui-même écrivain, l'encourage à être artiste, de même que l'oncle Adolphe, mentant un peu sur les succès scolaires de Marcel, prédit devant Odette que cet enfant sera peut-être un jour un Victor Hugo ou un Vaulabelle (I, 68, 79). Nul doute que toutes ces paroles ont déjà fait germer, ou ont renforcé, dans l'esprit de Marcel, le rêve de devenir écrivain. Il remarque que les admirateurs d'un même écrivain, en l'occurrence Bergotte, en parlent tous de la même manière, et non comme il le faudrait (I, 98-99). Legrandin, au cours de ses monologues précieux, recommande quelques écrivains dont on peut penser qu'ils ont eu une certaine influence sur le jeune homme: Paul Desjardins, Anatole France (I, 120-30).

Dans *Un Amour de Swann,* par contre, les liens entre la société et la littérature sont ténus, contrairement à ceux entre société et musique. Le salon Verdurin est un salon musical, où on peut à la rigueur parler peinture, mais où on parle peu et mal de littérature.

Dans *Noms de pays: le nom,* il n'y a aucune référence aux rapports entre société et littérature.

C et D—La fusion entre la réalité et l'imaginaire apparaît déjà et se développe grâce à la littérature dans *Swann.* Nous avons déjà vu dans *Combray* que les lectures de Marcel le transportent dans une autre réalité, plus claire et plus simple que celle dans laquelle il vit, en le plongeant dans un état de rêve éveillé (I, 85-86). La force de cet imaginaire est si grande que pour Marcel les paysages des livres constituent « une part véritable de la nature elle-même, digne d'être étudiée et approfondie » (I, 86). De là naîtra sa soif de visiter les régions qui y sont décrites. Le passage indiquant ce désir souligne le fait que la dualité entre le réel et l'imaginaire repose sur la dualité entre extérieur et intérieur:

> Car si on a la sensation d'être toujours entouré de son âme, ce n'est pas comme d'une prison immobile: plutôt on est comme emporté avec elle dans un perpétuel élan pour la dépasser, pour atteindre à l'extérieur, avec une sorte de découragement, en entendant toujours autour de soi cette sonorité identique qui n'est pas écho du dehors, mais retentissement d'une vibration interne. . . . Enfin, en continuant à suivre du dedans au dehors les états simultanément juxtaposés dans ma conscience, et avant d'arriver jusqu'à l'horizon réel qui les enveloppait, je trouve des plaisirs d'un autre genre. . . . (I, 86-87)

L'un de ces plaisirs est la sensation de la relativité du temps. Dans ce passage, la littérature entraîne de nombreuses découvertes se rattachant à la dualité réel-imaginaire: celle de l'intérieur-extérieur, et celle du temps absolu-temps relatif, dualités qui vont se révéler capitales dans le récit de *la Recherche.* Parallèlement, elle influence l'histoire de Marcel, en lui donnant envie de connaître par exemple la « région fluviatile » décrite par un de ses écrivains préférés, ou encore d'aller voir Parme, à cause de *La Chartreuse,* ou Balbec dont il sait à l'avance que son aubergiste ressemblera à un personnage de fabliau puisque, dans le domaine de l'imaginaire, les combinaisons d'époques et de lieux sont si nombreuses et si fantastiques qu'on peut trouver, dans un village de Normandie, la Perse et le Moyen-Age (I, 72, 138). La littérature va à la fois développer l'imagination de Marcel et la limiter en lui faisant ignorer toute réalité encore vierge d'imaginaire:

> Si seulement Bergotte les eût décrits dans un de ses livres, sans doute j'aurais désiré les connaître, comme toutes les choses dont on avait commencé par mettre le « double » dans mon imagination. Elle les réchauffait, les faisait vivre, leur donnait une personnalité, et je voulais les retrouver dans la réalité; mais dans ce jardin public, rien ne se rattachait à mes rêves. (I, 393-94)

E—En ce qui concerne l'œuvre future, on remarque, en analysant les étapes littéraires de *Swann* , que la liste des éléments intervenant dans la structure narrative est chronologique, et se rapporte au temps de l'histoire. Examinons cette liste dans *Combray*.

—Lectures d'enfance: passivité, mais aussi découverte du pouvoir évocateur du mot. (I, 3, 9, 18, 39, 41, 49).

—conversations des amis des parents sur la littérature (I, 25).

—amour platonique du théâtre: l'imagination de Marcel est conditionnée par « les images inséparables des mots qui en composaient le titre et aussi de la couleur des affiches », qu'il voit sur les colonnes Morris (I, 73).

—lectures de romans d'aventure: différents états de Marcel au cours de ses lectures et découverte du pouvoir évocateur d'une œuvre (I, 84-88). Le narrateur s'adresse d'ailleurs aux « beaux après-midi du dimanche » consacrés à la lecture, dans une des seules apostrophes que l'on trouve dans *la Recherche*.

—découverte de Bergotte grâce à Bloch: qui lui-même n'a pas encore lu Bergotte, mais se fie à l'admiration du « Père Leconte » pour l'écrivain. Au passage, il détruit Musset et Racine pour lesquels Marcel avait beaucoup d'estime (I, 90-91).

—découverte d'un style littéraire: le « morceau idéal » de Bergotte est comparé à des éléments musicaux (I, 94-95).

—découverte de l'amitié entre Bergotte et Gilberte: disposition immédiate de Marcel à aimer cette dernière (I, 99-100).

—découverte des sensations et du désir de les exprimer:

— « Les Aubépines »: texte paradoxal sur l'impossibilité de s'exprimer. Dans l'histoire, c'est-à-dire dans l'expérience vécue,

Marcel est resté muet dans sa contemplation. Mais dans le récit, le narrateur se sert de cette expérience en apparence stérile (du point de vue linguistique), pour exposer sa thèse sur la difficulté d'exprimer une impression (I, 138-40).

— « Zut, Zut, zut, zut »: tels sont les premiers mots de Marcel tentant de formuler l'enthousiasme né d'une impression. Il a le sentiment naissant que son devoir est « de ne pas s'en tenir à ces mots opaques » (I, 155).

—désir d'être écrivain: annoncé pour la première fois. Marcel veut écrire des poèmes pour la duchesse de Guermantes. Mais il est déjà confronté par le problème: sur quoi écrire? Il hésite entre l'espoir de pouvoir compter sur son père, et le découragement de ne pas être doué pour la littérature, donc le renoncement (I, 172-74). Le narrateur semble juxtaposer avec plaisir les passages du récit où il décrit avec art un objet, une sensation ou une personne, et ceux relatant le découragement qu'il éprouvait alors qu'il avait ces objets sous les yeux. Faut-il y voir une volonté de revanche, de compensation, comme le montre le schéma suivant?

Histoire	sensations involontaires impossibilité de les exprimer —>frustration	Récit	souvenirs volontaires —> nostalgie —> frustration description artistique

La « frustration » littéraire de Marcel jeune correspond à la frustration sensuelle et sensorielle du narrateur accompli, alors que le plaisir artistique du dernier correspond au plaisir sensuel du premier. La spontanéité stérile s'est muée en réflexion prolifique. Toujours est-il que pour le jeune garçon le regret de n'être pas doué s'exacerbe après avoir vu la duchesse à l'église. Pour ne pas souffrir, il s'interdit de penser à la littérature, mais:

> Alors, bien en dehors de toutes ces préoccupations littéraires, et ne s'y rattachant en rien, tout d'un coup un toit, un reflet de soleil sur une pierre, l'odeur d'un chemin me faisait arrêter par un plaisir particulier qu'ils me donnaient, et aussi parce qu'ils avaient l'air de cacher, au-delà de ce que je voyais, quelque chose qu'ils invitaient à venir prendre et que malgré mes efforts je n'arrivais pas à découvrir. (I, 178)

— « Les clochers »: premier texte écrit par Marcel et relaté par le narrateur (I, 180-82). Le premier passage est narratif, le second d'ordre métaphorique. Maintes fois étudié, l'épisode des clochers est remarquable non seulement d'un point de vue stylistique, mais aussi structural. Il constitue d'une part la première « mise en mots » d'une sensation visuelle perçue par Marcel, d'autre part la première « mise en littérature » avouée de cette mise en mots. C'est la seule fois que nous (lecteurs) lisons un écrit de Marcel jeune (même si le narrateur admet avoir fait subir au passage quelques changements), et la seule fois dans *la Recherche* que deux textes littéraires sont juxtaposés: tous deux du narrateur, et tous deux sur le même sujet. Ils présentent pourtant des différences notables entre le narrateur jeune essayant de créer et le narrateur expérimenté, qui sait déjà écrire un texte littéraire. En esquissant un diagramme de l'épisode des clochers, on remarque que, contrairement à tout roman traditionnel, où le récit encadre l'histoire, la dépasse, l'englobe, ici le récit se rétrécit diachroniquement de façon à se superposer exactement à l'histoire.

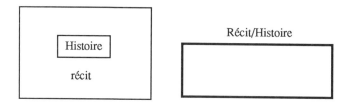

Le même événement est raconté de façon différente par le même narrateur, lui-même différent, car plus vieux, et sûr alors d'être écrivain, puisqu'en train de l'être, alors que jeune il ne l'était pas. Il y a à la fois un jeu sur le temps du récit (narrateur plus ou moins jeune) et blocage du temps de l'histoire (le même événement est raconté). Il s'agit donc d'un effort de fusion extrême entre les deux axes synchronique et diachronique de la littérature.

On pourrait schématiser de la façon suivante les étapes littéraires (capitales pour le reste de *la Recherche*) dans *Combray*.

—période d'initiation passive à la littérature:
    lectures
    conversations
    découverte du style de Bergotte
    amour pour Gilberte grâce à Bergotte

—période d'apprentissage actif du métier d'écrivain:
    découverte des sensations et de la difficulté à les exprimer
    les Aubépines: pas de mot
    la flaque d'eau: premier mot (« Zut »)
    les clochers: première mise en mots/première mise en
        littérature

En schématisant encore, on aboutit à deux tendances parallèles, simultanées et opposées qui se retrouvent dans toute *la Recherche:*

lectures	sensations
société	intériorité
amour	écriture

L'intervention de la littérature dans la structure narrative d'*Un Amour de Swann* se fait également de manière chronologique: d'abord le rapport entre la littérature et la société (salon Verdurin), puis le rapport entre la littérature et l'amour. Swann a le souvenir d'un soupçon (*Les Filles de Marbre*), puis le souvenir de sa rencontre avec Odette (au théâtre). Ici le flash-back intervient, mais il s'agit quand même d'un ordre temporel, inversé. On observe donc encore les deux tendances vers la société et l'amour, mais la tentation de l'écriture, qu'on trouve chez Marcel dans *Combray,* a ici disparu.

Dans *Noms de pays: le nom,* deux éléments narratifs liés à la littérature jouent un rôle décisif: d'une part le jeune Marcel découvre le pouvoir évocateur des livres et des mots, de l'autre, ce n'est plus désormais à cause de Bergotte qu'il aime Gilberte, mais le contraire. Dans le cœur de Marcel, l'amour a pris le pas sur la littérature.

A l'ombre des jeunes filles en fleur:
    A—Le lien entre la littérature et l'amour n'apparaît guère dans ce livre. On peut simplement noter que c'est à là suite d'une longue conversation littéraire que Saint-Loup manifeste l'envie de revoir Marcel et que débute leur amitié (I, 731). C'est aussi par le biais de la littérature que Charlus essaie de se rapprocher de Marcel. Au courant de l'admiration de Marcel pour Bergotte, il lui prête des livres, mais dès le lendemain, il réclame le livre prêté, puis le renvoie immédiatement à Marcel (I, 765-67). Il faut également noter une reprise faisant écho à *Swann*: le narrateur, pensant à Gilberte en regardant la cycliste de Balbec, admet avoir aimé la fille de Swann « surtout parce qu'elle [m']était apparue nimbée de cette auréole d'être l'amie de Bergotte » (I, 795; cf. I, 546). C'est aussi à partir de *Jeunes Filles* que Marcel découvre l'homosexualité, et la scène du livre prêté par Charlus provoque chez le jeune garçon une sensation incertaine, devant l'attitude incompréhensible du baron:

> J'avais l'impression qu'il avait quelque chose à m'annoncer et ne trouvait pas en quels termes le faire.
> —J'ai un autre volume de Bergotte ici, je vais vous le chercher, ajouta-t-il, et il sonna. (I, 766)

Le rôle narratif du lien entre amour et littérature dans *Jeunes Filles* peut se résumer de la façon suivante:

Saint-Loup	Charlus	Gilberte
—conversation littéraire	—livre de Bergotte	—Bergotte: l'ami
—début d'une amitié	—amour inavoué, inarticulé	—souvenir du début
	pas de « tendresse permise »	d'un amour
	(I, 766)	

    B—Les liens entre la littérature et la vie sociale sont par contre prépondérants dans *Jeunes Filles*, qui correspond à l'entrée timide de Marcel dans le monde. D'abord avec les invités de ses parents: le marquis de Norpois, diplomate « vieux jeu », joue un rôle assez important du fait qu'il convainc le père du jeune homme de le laisser choisir la carrière d'écrivain (I, 437, 440). Le père décide alors d'inviter Norpois à dîner, et demande à Marcel d'écrire « quelque chose de bien, pour pouvoir le montrer à Norpois » (I, 440). Mais Marcel se sent totalement incapable d'écrire quoi que ce

soit et se désole. Sa seule consolation est la permission d'aller voir La
Berma. Le dîner avec Norpois a un effet inattendu sur Marcel:

> Mais les termes mêmes dont il se servait me montraient la littérature
> comme trop différente de l'image que je m'en étais faite à Combray,
> et je compris que j'avais eu doublement raison de renoncer à elle.
> Jusqu'ici je m'étais seulement rendu compte que je n'avais pas le don
> d'écrire; maintenant, Norpois m'en ôtait même le désir. (I, 452)

Cependant le père de Marcel l'envoie chercher ce qu'il a écrit. Il
semble qu'il s'agisse des clochers de Martinville:

> . . . un petit poème en prose que j'avais fait autrefois à Combray en
> revenant d'une promenade. Je l'avais écrit avec une exaltation qu'il me
> semblait devoir communiquer à ceux qui le liraient. Mais elle ne dut
> pas gagner M. de Norpois, car ce fut sans me dire une parole qu'il me le
> rendit. (I, 455)

Du reste, Norpois parle de littérature de la même façon que de
politique et le narrateur remarque: « Je démêlai seulement que répéter ce que
tout le monde pensait n'était pas en politique une marque d'infériorité mais
de supériorité » (I, 459).

Peu de temps après, Norpois déclare, à propos du poème que
Marcel lui avait soumis: « . . . vous n'êtes pas le seul qui se soit cru poète à
son heure. Mais on voit dans ce que vous m'avez montré la mauvaise
influence de Bergotte » (I, 474). Ces paroles désespèrent Marcel, qui se
rend encore plus compte de son incapacité à écrire. Mais un jour Marcel,
invité en « petit comité » chez Odette, a l'occasion d'y rencontrer Bergotte;
le narrateur nous donne une brève description de l'écrivain, et un aperçu de
sa façon particulière de parler, si différente de son style écrit (I, 547-48,
549-50)[30]. Bergotte, contrairement à Norpois, ne doute pas du talent
potentiel de Marcel. Il lui dit:

> « Nos amis m'ont dit que vous étiez souffrant. Je vous plains beau-
> coup. Et puis malgré cela je ne vous plains pas trop, parce que je vois
> bien que vous devez avoir les plaisirs de l'intelligence et c'est probable-

---

[30]On retrouve chez Bergotte les mêmes formules à la mode utilisées par Rachel: « Ah!
si! disait-il, c'est bien! . . . » (I, 556).

ment ce qui compte surtout pour vous, comme pour tous ceux qui les connaissent. » (I, 569)

Le narrateur remarque: « Il ne me persuadait certes pas; pourtant je me sentais plus heureux, moins à l'étroit » (I, 570)[31]. Norpois et Bergotte ont des vues opposées sur l'avenir de Marcel:

Norpois	Bergotte
—parle de littérature (mais différemment de ce que Marcel entend par littérature)	—sa façon de parler (différente de sa façon d'écrire)
—critique Bergotte	—critique Norpois
—n'a aucune foi dans le talent de Marcel	—foi dans Marcel
—convainc le père de Marcel que son fils devrait poursuivre la carrière d'écrivain	—convainc Marcel de négliger ses doutes sur sa vocation

Leur démarche est donc inverse mais complémentaire, car les réticences du père doivent être écartées et le sont, par Norpois, alors que les doutes de Marcel sont estompés par Bergotte, qui lui accorde sa confiance et le rassure sur sa vie oisive: « D'ailleurs, me disais-je, en passant ma vie chez Swann, ne fais-je pas comme Bergotte? » (I, 481, 580). C'est ainsi que Marcel, tout en voulant ménager sa santé pour pouvoir écrire, par amour pour Gilberte et pour la fréquentation de Bergotte, remet son travail au lendemain, sur les prières d'Odette:

> Et elle ajoutait:
> —Venez, il vous dira mieux que personne ce qu'il faut faire.
> Et c'était, comme on invite un engagé volontaire avec son colonel, c'était dans l'intérêt de ma carrière, et comme si les chefs-d'œuvre se faisaient « par relations », qu'elle me disait de ne pas manquer de venir le lendemain dîner chez elle avec Bergotte. (I, 581)

La vie sociale est déjà en conflit avec la création artistique. Après le salon d'Odette, le cercle social de Marcel s'élargit. A Balbec, il fait la

---

[31]Marcel s'était par contre senti « réduit » à ce que Norpois lui avait dit (I, 475).

connaissance, grâce à sa grand-mère, de Mme de Villeparisis, dont on ne sait pas encore qu'elle est mémorialiste. Or, au cours des promenades autour de Balbec, on entend à plusieurs reprises cette dame parler d'écrivains. De Mme de Sévigné, elle déclare: « Elle manque de naturel », et critique l'amour exagéré qu'elle porte à sa fille (I, 697). Mme de Villeparisis a connu de nombreux écrivains célèbres, reçus autrefois dans le salon de ses parents. Elle les juge en femme du monde, raconte des anecdotes sur leurs vies, trouve Stendhal vulgaire, Balzac de bonne compagnie et Sainte-Beuve spirituel:

> —Je crois que je peux en parler, car ils venaient chez mon père; et, comme disait M. Sainte-Beuve qui avait bien de l'esprit, il faut croire sur eux ceux qui les ont vus de près et ont pu juger plus exactement de ce qu'ils valaient. (I, 711)

Mme de Villeparisis est l'amante de Norpois, et son âme sœur. Pour eux, l'œuvre d'un homme est peu de chose par rapport à l'homme lui-même, et à sa place dans le monde. Mme de Villeparisis critique ainsi Chateaubriand, Vigny, Musset et Hugo. Selon elle, ce dernier aurait dû son succès à « l'indulgence intéressée qu'il a professée pour les dangereuses divagations des socialistes » (I, 721-23). Marcel remet en question les critères de jugement de Mme de Villeparisis, mais le narrateur nous montre que, si la femme du monde est sévère et ses opinions souvent mal fondées, elle a souvent en revanche, dans son style parlé, « le mot juste » (I, 708, 726-27). Nous apprendrons plus tard que c'est une mémorialiste de talent, ce qui prouve une fois de plus que la femme et l'œuvre ne doivent pas être confondues. Grâce à Mme de Villeparisis, Marcel fait la connaissance de Saint-Loup, son neveu, chez qui il retrouve les mots justes, des mots que, selon la grand-mère de Marcel, « eussent contresignés 'Sévigné et Beausergent' » (I, 735). Malgré cela, Saint-Loup ne sera jamais écrivain, et s'en tiendra aux conversations littéraires, distinguées et superficielles. L'autre ami de Marcel, Bloch, dont le narrateur souligne par contre la conversation fort inégale, deviendra un auteur connu (I, 744).

Cependant, bien plus que ce cercle élargi d'amis, c'est un être discret et très proche de Marcel qui va lui inspirer un immense respect pour la littérature et la vie de l'esprit: sa grand-mère, « qui trouvait les princes enviables par-dessus tous les hommes parce qu'ils purent avoir un La Bruyère, un Fénelon comme précepteurs » (I, 758). M. de Charlus est lui aussi proche de Marcel dans ses goûts littéraires, et, en parlant de Mme de Sévigné et de l'amour avec une grande sensibilité, il ravit la grand-mère de Marcel, mais ne convainc pas Mme de Villeparisis (I, 762). Par ailleurs, il attriste Saint-Loup en trouvant plus de vérité dans Racine que dans Hugo (I, 763).

C—Ces divergences d'opinion littéraires entre générations reviennent à plusieurs reprises dans *Jeunes Filles* et constituent un élément important dans le temps de l'histoire. Saint-Loup manifeste un certain dédain pour les goûts artistiques de M. de Marsantes, son père, et dit: « ce qu'il entendait par littérature ne se compose que d'œuvres périmées », et déclare: « Son désastre a été la déplorable époque où il a vécu » (I, 733-34). On retrouve ce fossé des générations entre Bloch et son père qui « le traitait de dévoyé parce qu'il vivait dans l'admiration de Leconte de Lisle, Hérédia et autres 'bohêmes' », et aussi entre Bloch père et l'oncle par alliance, M. Nissim Bernard. Bloch père et fils font alors équipe pour se moquer ouvertement de l'oncle:

> « Je me rappelle un dîner chez moi, à Nice, où il y avait Sardou, Labiche, Augier . . .
> —Molière, Racine, Corneille, continua ironiquement Bloch le père, dont le fils continua l'énumération en ajoutant: Plaute, Ménandre, Kalidasa. » (I, 775)

A propos du repas chez les Bloch, le narrateur fait quelques réflexions sur le mûrissement du goût littéraire, sur les pères spirituels, et conclut: « . . . c'est que dans l'état d'esprit où l'on 'observe', on est très au-dessous du niveau où l'on se trouve quand on crée » (I, 769). Peut-être Rachel est-elle la victime de ce phénomène lorsqu'elle lit des fragments d'une pièce symboliste devant les invités d'une tante de Saint-Loup, dont on saura plus tard que c'était la duchesse de Guermantes (I, 784-85). Dès le début de la récitation, les observateurs se moquent de la créatrice. Le texte dépasse la description ironique du jeu de l'actrice ou de l'incompréhension des gens du monde, et sert en fait de repère temporel, permettant au narrateur de nous montrer à quel point les modes changent et font changer les jugements littéraires. Quelques années plus tard, pendant la Matinée Guermantes, Rachel fera le même numéro, mais son succès sera alors si établi que la duchesse la couvrira d'éloges, et que pour la voir les gens ignoreront La Berma, dont ils se sont lassés après l'avoir portée aux nues.

On trouve dans *Jeunes Filles* un des premiers passages théoriques sur le temps. Marcel, ayant la permission paternelle de devenir écrivain, est pris de panique devant la conscience nouvelle qu'il a de ne pas être « en dehors du temps, mais soumis à ses lois, tout comme ces personnages de roman qui, à cause de cela, [me] jetaient dans une telle tristesse quand je lisais leur vie, à Combray, au fond de ma guérite d'osier » (I, 482).

D—Le lien entre la dualité réel-imaginaire et la littérature peut être observé dans le fait qu'à Balbec, le narrateur voit les gens comme des personnages mythologiques ou de théâtre, qu'il cherche dans la mer les effets décrits par Baudelaire, et veut retrouver la littérature dans la réalité (I, 663-64, 691, 674). C'est également dans *Jeunes Filles* qu'a lieu l'épisode des arbres d'Hudimesnil, provoquant chez Marcel une sensation qui, dans le cadre de l'histoire, reste muette, mais aura une grande influence sur le récit (I, 717).

Voici, en résumé, les faits importants liés à la littérature dans *Jeunes Filles*:
Pour Marcel, c'est le début de l'obsession de devenir écrivain, et de son désespoir d'être incapable d'écrire ou de travailler. C'est aussi son entrée dans le monde, dont naissent plusieurs réflexions sur:
—les divergences d'opinion entre différentes générations, entre diverses tendances critiques et courants littéraires;
—les différences entre le langage et la littérature: Norpois, Swann, Legrandin, Mme de Villeparisis, Saint-Loup, Bergotte, Bloch;
—le conflit potentiel entre une vie mondaine oisive et la création artistique, et la différence entre le statut littéraire et le statut mondain.
Enfin, on y trouve l'expérience des arbres d'Hudimesnil, inexploitée dans l'histoire de *Jeunes Filles*, mais qui prend son sens dans *Le Temps retrouvé,* et quelques passages théoriques sur la littérature, appartenant au récit.

Le Côté de Guermantes:
A—Ce livre correspond à l'adolescence de Marcel, à un moment de sa vie où la beauté des femmes le console de ne pas commencer son livre

(II, 59). Au lieu de se mettre au travail, il préfère rêver à la duchesse de Guermantes et bâtir tout un roman où elle viendrait l'implorer (II, 68). Pour se procurer sa photo, il prend la littérature comme prétexte[32]. Il dit à Saint-Loup: « ... elle m'intéresse beaucoup à un point de vue littéraire, vous comprenez, comment dirai-je, à un point de vue balzacien ... » (II, 100). Plus tard, dans le salon de Mme de Villeparisis, Marcel entend la duchesse déclarer que Bergotte est très spirituel et qu'elle a très envie de le connaître (II, 211). Marcel se repent alors d'avoir évité Bergotte le soir de *Phèdre*, parce qu'il avait peur que la présence de l'écrivain à ses côtés ne donne une mauvaise idée de lui à Mme de Guermantes, alors que cette présence aurait eu l'effet contraire et lui aurait peut-être permis d'être invité à dîner. Il entend aussi la duchesse parler des *Sept Princesses* de Maeterlinck, en conclut qu'elle est inepte en littérature et qu'il perd son temps à aimer une femme aussi bête (II, 229). Ces mots ne sont qu'une réaction de dépit devant l'attitude glaciale de la duchesse à son égard. En fait, quelque soit l'intelligence littéraire de la duchesse, il n'en continue pas moins à l'aimer.

La littérature a donc cédé le pas à l'amour et n'influence plus Marcel dans son choix de femmes à aimer, et il n'hésite pas à se servir de prétextes littéraires pour arriver à ses buts, qui n'ont rien à voir avec la littérature. Il n'est d'ailleurs pas le seul à agir de la sorte. Charlus, utilisant une fois de plus le subterfuge du prêt de livres, prend comme excuse pour revoir Marcel une édition de Mme de Sévigné qu'il avait fait relier en souvenir de la grand-mère (II, 563). De même, Rachel, pour obéir à Saint-Loup et éviter de regarder Aimé, se lance dans une conversation littéraire avec Marcel, et utilise le jargon à la mode (II, 167)[33].

B—Dans la partie consacrée à la littérature dans *Guermantes,* c'est la vie sociale qui domine. Ce livre marque les débuts de Marcel dans le monde, non plus comme fils de ses parents, mais comme individu social à part entière. Il est d'abord invité dans le salon de Mme de Villeparisis pour y rencontrer des écrivains (II, 33). Il y a donc un but littéraire à cette invitation, ce qui n'est pas le cas dans celle du dîner chez les Guermantes. Le narrateur indique que les conversations générales et « peut-être ridicules dans le monde, ont fourni aux 'Souvenirs' de Mme de Villeparisis de ces morceaux excellents, de ces dissertations politiques qui font bien dans des

---

[32]De même qu'il avait eu recours à la peinture.
[33]Le « Ah! c'est bien » de Rachel ressemble étrangement à celui de Bergotte (I, 556).

Mémoires comme dans les tragédies à la Corneille » (II, 195); alors que les conversations de la duchesse de Guermantes sont dominées par l'esprit de contradiction, qu'elles ne profiteront à personne et ne serviront à rien, si ce n'est à raviver l'amour de Tolstoï chez les demi-intellectuels snobs qui admirent l'esprit de bravade d'Oriane, disant au grand-duc de Russie: « Hé bien! Monseigneur, il paraît que vous voulez faire assassiner Tolstoï? » (II, 447). La littérature et le monde semblent d'ailleurs se révéler de plus en plus incompatibles: ainsi que cela était déjà montré dans *Swann,* la vie mondaine va de pair avec la vie oisive, non créatrice, et le narrateur, observant la situation ambiguë de Mme de Villeparisis, dit que: « . . . entre certaines qualités littéraires, et l'insuccès mondain, la connexité est si nécessaire . . . » (II, 186). Mme de Villeparisis est donc la victime de sa propre attitude de femme du monde: on se souvient en effet que dans *Jeunes Filles*, elle jugeait très sévèrement des écrivains qui n'étaient pas de bonne compagnie dans le monde. A son tour, elle voit son statut mondain baisser à cause de son talent d'écrivain. Tour à tour bourreau et victime de la littérature, Mme de Villeparisis aura cependant un jour sa récompense: ses salons seuls passeront à la postérité: ceux d'une Mme Leroi, qui les avait dédaignés, seront oubliés (II, 195).

Le narrateur indique à plusieurs reprises dans *Guermantes* que les classes sociales et la littérature n'ont rien à voir:

> Le duc peut écrire des romans d'épiciers, même sur les mœurs du grand monde, les parchemins n'étant là de nul secours, et l'épithète d'aristo-cratique peut être méritée par les écrits d'un plébéien. (II, 236)

Chez Jupien par exemple, Marcel discerne:

> . . . une intelligence rare et l'une des plus naturellement littéraires qu'il m'ait été donné de connaître, en ce sens que, sans culture probablement, il possédait ou s'était assimilé, rien qu'à l'aide de quelques livres hâtive-ment parcourus, les tours les plus ingénieux de la langue. (II, 21)

De là il conclut à une mort prématurée de Jupien, et admire sa bonté, sa pitié, et autres sentiments délicats et généreux. Ironiquement, Jupien réapparaîtra plus tard, comme tenancier d'une maison louche. Il semble que la sensibilité littéraire et la vertu n'aient rien à voir non plus.

C—Dans *Guermantes,* la littérature est liée au temps par les faits suivants: c'est dans ce livre que Marcel envoie un article au *Figaro,* et qu'il fait acheter ce journal tous les jours pour voir si l'article y est publié (II, 347). On apprend plus tard qu'il s'agit des clochers de Martinville et que Marcel ne croit plus à la parution de son article, « cette petite description— précisément retrouvée il y a peu de temps, arrangée, et vainement envoyée au *Figaro* — ...» (II, 397). Dans *La Fugitive,* alors qu'il ne s'y attend plus, l'article paraît. Le passage du temps est également marqué par l'évolution d'Albertine, et surtout par la révélation de son intelligence littéraire. A la fin de *Jeunes Filles,* il était question du sujet d'examen où Sophocle écrit à Racine. Dans *Guermantes,* Albertine et Marcel reparlent de ce sujet: si elle rit de son idée stupide d'avoir écrit « Mon cher Racine », elle ne comprend pas pourquoi Marcel pense que c'est le sujet lui-même qui est stupide. Le narrateur constate: « son intelligence s'entrouvrait, mais n'était pas développée », et nous fait assister à une phase de l'éveil littéraire et intellectuel d'Albertine (II, 353). C'est également l'époque où Bergotte, de plus en plus malade, assiste au succès grandissant de son œuvre ((I, 325-26). Les allusions à la politique permettent au narrateur de donner des indications sur l'époque où se déroule l'histoire. Il mentionne que Bloch est maintenant un jeune auteur dramatique connu (malgré l'affaire Dreyfus « qui allait précipiter les Juifs au dernier rang de l'échelle sociale ») et qu'il est allé assister à plusieurs audiences du procès Zola (II, 189-90, 234). Ce climat politique a complètement modifié les jugements littéraires de Swann (II, 582). Encore a-t-il une raison sérieuse de les changer, même s'il s'agit de parti-pris racial, alors que la duchesse de Guermantes, elle, se contente de suivre la mode, avec un peu de retard. Elle ne ménage pas ses critiques envers Rachel, et se moque de la littérature nouvelle, alors que « celle-ci, peut-être par la vulgarisation des journaux ou à travers certaines conversations, s'était un peu infiltrée en elle » (II, 223, 227). C'est donc de cette façon que la littérature pénètre les têtes mondaines: plus tard, pendant la Matinée Guermantes, dans *Le Temps retrouvé,* la duchesse oubliera ses sarcasmes d'autrefois et ne jurera que par Rachel. Le temps aura passé ...

D—La relation entre la littérature et la dualité réel-imaginaire joue un rôle intéressant dans *Guermantes.* De même qu'au début de *Swann* Marcel se comparait au héros du roman qu'il lisait, le narrateur, mettant en abîme tout *Guermantes,* dit que « C'était, ce Guermantes, comme le cadre d'un roman, un paysage imaginaire » (II, 14). Il ne s'agit pas ici d'une

comparaison anodine, puisque Guermantes est effectivement le cadre d'une
partie du roman intitulé *Guermantes*. Cette mise en abîme est reprise dans le
chapitre III, où se déroule le dîner Guermantes. Le narrateur compare ce
salon « aux salons dont nous avons lu la description dans un roman », et il
ajoute: « entre moi et lui, il y avait la barrière où finit le réel » (II, 375).
Une autre comparaison du dîner à un « théâtre de pupazzi habilement
machiné » introduit une profondeur supplémentaire à la mise en abîme
initiale (II, 434). Le salon est un peu plus loin comparé à un livre; la
duchesse elle-même ressemble à Isabelle d'Este et cette dernière est comparée à une héroïne de roman (II, 453, 524-25). On observe une sorte de
rétrécissement, d'approfondissement dans la mise en abîme:
—Guermantes: cadre d'un roman
—salon: roman
—dîner: scène de théâtre
—salon: livre
—duchesse: Isabelle d'Este, héroïne de théâtre.
  Enfin, une prolepse inavouée sur le contenu de l'œuvre future, est
amenée par le narrateur relatant l'exaltation ressentie après le dîner Guermantes, dans la voiture qui le ramène. Cette exaltation est comparée à celle
éprouvée dans la carriole du Docteur Percepied (épisode des clochers de
Martinville) (I, 455), et dans celle de la calèche de Mme de Villeparisis (les
arbres d'Hudimesnil) (II, 548). Il semble que les promenades en voiture
(ou autres moyens de transport) de Marcel marquent souvent une étape dans
son processus de création littéraire[34].

  E—La future œuvre de Marcel est toujours en souffrance dans
Guermantes. Malgré ses efforts et son désespoir, le seul résultat: « c'était
une page blanche, vierge de toute écriture, inéluctable . . . » (II, 149). Et de
le rendre un peu plus malade. Son père, conseillé par Norpois, le pousse à
fréquenter le salon de la maîtresse du diplomate, Mme de Villeparisis (II,
149). Saint-Loup essaie de l'encourager et déplore sa paresse:

> Si j'avais vos dispositions, je crois que j'écrirais du matin au soir.
> Cela vous amuse davantage de ne rien faire. Quel malheur que ce soient
> les médiocres comme moi qui soient toujours prêts à travailler et que
> ceux qui le pourraient ne veuillent pas. (II, 73)

---

[34]Voir le voyage en train dans *Le Temps retrouvé*.

Norpois, par contre, n'hésite pas à critiquer ce que Marcel lui avait montré. On remarque qu'avec l'entrée dans le monde s'accroissent les déceptions littéraires de Marcel: déception sur la façon dont les gens du monde parlent superficiellement de littérature (Rachel, la duchesse); conscience aiguë de l'incompatibilité entre la vie mondaine et la création artistique, et du statut ambigu de l'écrivain dans le monde (Mme de Villeparisis); déception enfin devant sa propre incapacité à écrire, renforcée par le jugement porté sur son petit poème en prose (par Norpois). Seul le père de Morel, entendant tous les jours l'oncle Adolphe dire que Marcel serait un jour un Racine ou un Vaulabelle a une certaine considération pour lui (II, 265).

Guermantes contient plusieurs prolepses. La première apparaît au moment où, se trouvant à Rivebelle, Marcel se souvient brusquement d'une soirée à Doncières puis d'un soir à Combray, et le narrateur commente:

> J'éprouvais à les percevoir un enthousiasme qui aurait pu être fécond si j'étais resté seul, et m'aurait évité le détour de bien des années inutiles par lesquelles j'allais encore passer avant que se déclarât la vocation invisible dont cet ouvrage est l'histoire. (II, 397)

C'est la première fois qu'on trouve dans *la Recherche* une prolepse sur l'œuvre qui sera réalisée, et que nous, lecteurs sommes en train de lire. Une autre prolepse, mais cette fois-ci voilée, sert de comparaison à un trait de la duchesse, trait qui consiste à savoir tirer parti d'incidents, et qui fait qu'on est obligé de l'envier, par exemple:

> . . . d'avoir manqué de chaises, d'avoir fait faire ou laissé faire à son domestique une gaffe, d'avoir eu chez soi quelqu'un que personne ne connaissait, comme on est obligé de se féliciter que les grands écrivains aient été tenus à distance par les hommes et trahis par les femmes quand leurs humiliations et leurs souffrances ont été, sinon l'aiguillon de leur génie, du moins la matière de leurs œuvres. (II, 468)

Il s'agit de doubles prolepses, jouant à la fois sur le plan de l'histoire et sur celui du récit.

Sodome et Gomorrhe:

A—C'est surtout en ce qui concerne le narrateur, sa mère, Saint-Loup et Charlus, que la littérature est liée à l'amour, dans la structure narrative de *Sodome et Gomorrhe*. C'est dans ce livre que Marcel donne à Albertine une loge pour *Phèdre* (II, 645); à la sortie du théâtre, Albertine ne le rejoint pas comme il était convenu. Marcel l'attend avec une impatience et une fureur croissantes. Finalement, il oblige la jeune fille à venir chez lui, malgré l'heure tardive (II, 726-35). De retour à Balbec, le désir de voir des jeunes filles empêche Marcel non seulement de travailler, mais même de lire *Les Mille et une nuits* que sa mère lui a offert (II, 836-37, 840). La mère de Marcel par contre: « pour faire exactement ce que sa mère avait fait, [et] elle lisait ses deux livres préférés, les *Mémoires* de Mme de Beausergent, et les *Lettres* de Mme de Sévigné » (II, 771). C'est aussi dans *Sodome et Gomorrhe* que Marcel s'aperçoit que « l'amour de Saint-Loup pour les Lettres n'avait rien de profond, n'émanait pas de sa vraie nature, il n'était qu'un dérivé de son amour pour Rachel, et il s'était effacé de celui-ci . . . » (II, 696). Charlus, chez qui l'amour de Balzac paraît plus profond, n'hésite cependant pas à utiliser une fois de plus la littérature comme prétexte à ses manœuvres amoureuses: lors de sa rencontre avec Victurnien de Surgis, il profite de la similitude du prénom du jeune homme avec celui d'un des personnages de Balzac pour l'inviter à venir voir chez lui une curieuse édition du *Cabinet des Antiques* de Balzac (II, 699). Dans une prolepse du narrateur, nous apprenons que pour plaire à Morel, Charlus remplace les devises écrites sur les livres de sa bibliothèque par des devises qui toutes portent un message amoureux (II, 1039, 1066). La littérature aide quelquefois Charlus à se consoler de sa situation ambiguë et très balzacienne: il s'identifie à la princesse de Cadignan, où à l'archange Raphaël ramenant le jeune Tobie-Morel (II, 1058-59, 1073). Cet art est d'ailleurs étroitement associé à l'homosexualité dans *Sodome et Gomorrhe*. Parlant des homosexuels et de leur « vie d'un romanesque anachronique », le narrateur les compare à « ce poète la veille fêté dans tous les salons, applaudi dans tous les théâtres de Londres, chassé le lendemain de tous les garnis . . . » (II, 617, 616). Il ajoute que pour eux, vivant dans le secret, « les romans d'aventure les plus invraisemblables semblent vrais » (II, 617). Il compare les invertis à ces jeunes filles déguisées en adolescents dans les comédies de Shakespeare (II, 621). Il indique que l'inverti se croit pareil à tous, car il retrouve la substance de ses émotions dans les romans, bien « que si le sentiment est le même l'objet diffère, et que ce qu'il désire c'est Rob-Roy et non Diana Vernon » (II, 623). Les comparaisons entre invertis et héroïnes littéraires abondent (Griselidis, Andromède), et la rencontre fortuite de Jupien et de Charlus est présentée comme plus incroyable encore que celle de Roméo et Juliette (II, 626, 627). Ce rapprochement entre littérature et homosexualité est surtout remarquable dans le premier chapitre de *Sodome et Gomorrhe* et correspond donc exactement au moment de la rencontre entre Charlus et Jupien. Ce chapitre s'ouvre d'ailleurs sur deux citations en exergue concernant Sodome (La Bible, Alfred de Vigny), et se termine sur la constatation que Sodome est rebâtie « à Londres, à Berlin, à Rome, à Petrograd où à Paris » (II, 632).

B—La littérature joue également un rôle important dans la vie sociale. On remarque d'abord les indications du narrateur sur les relations entre littérature et classes sociales, déjà mentionnées dans *Guermantes*. Les sœurs Albaret, par exemple, bien que ne lisant jamais rien, sont d'après lui aussi douées qu'un poète, et beaucoup plus modestes (II, 849). Du reste, tout est relatif, comme le remarque le lift de Balbec: «. . . pour être maître d'hôtel, il ne faut pas être un imbécile; . . . il en faut une tête. On m'a dit que c'est encore plus terrible que d'écrire des pièces et des livres » (II, 1026). Plus loin le narrateur critique l'attitude dédaigneuse des hommes d'action envers les oisifs, et ajoute qu'ils pourraient être encore plus dédaigneux si « leur divertissement était d'écrire *Hamlet* ou seulement de le lire » (II, 1036). Il poursuit en montrant que c'est « la culture désinté-ressée » qui met « hors de pair » certains hommes d'action et leur permet un avancement rapide.

La littérature dans *Sodome et Gomorrhe* est abordée en relation avec trois cercles mondains. Le premier est celui des Guermantes à Paris: dans ce salon, l'ignorance littéraire est quasi-totale. Les seules réflexions se rapportant à la littérature sont celles du narrateur comparant, en les oppo-sant, écrivains et femmes du monde, ou bien se souvenant du nom de Mme d'Arpajon grâce à l'admiration naïve et horrifiée que cette dame porte à Victor Hugo. Il s'amuse à classer les priorités des Guermantes et note: « J'aurais pu écrire un chef-d'œuvre, les Guermantes m'en eussent moins fait d'honneur que de ce salut » (II, 647, 651, 663). Les cercles de Balbec sont plus férus de littérature, ou se targuent de l'être: par exemple, Mme de Cambremer jeune fait la moue devant Mme de Sévigné, et utilisant le jargon à la mode, demande à Marcel: « La trouvez-vous vraiment talentueuse? » et le narrateur commente: «. . . mot qu'elle avait lu dans certains journaux d'avant-garde, mais qui, parlé et mis au féminin, et appliqué à un écrivain du XVIIe siècle, faisait un effet bizarre . . . » (II, 823). Il se moque plus tard du parti-pris réaliste de cette dame:

> Ne quittant la lecture de Stuart Mill que pour celle de Lachelier, et au fur et à mesure qu'elle croyait moins à la réalité du monde extérieur, elle mettait plus d'acharnement à s'y faire, avant de mourir, une bonne position. Eprise d'art réaliste, aucun objet ne lui paraissait assez humble pour servir de modèle au peintre ou à l'écrivain. Un tableau ou un roman mondain lui eussent donné la nausée; un moujik de Tolstoï, un paysan de Millet étaient l'extrême limite sociale qu'elle ne permettait pas à l'artiste de dépasser. (II, 924)

Dans le troisième cercle mondain, celui des Verdurin, se trouvent des amateurs de littérature un peu plus authentiques et sincères. Mais ici encore le snobisme intervient. Le pauvre Saniette en est une des victimes: voulant parler comme les autres, il abrège le titre du vaudeville de Favart et déclenche ainsi la fureur de M. Verdurin, qui, par mauvaise foi, dit qu'il n'aurait jamais deviné que *La Chercheuse* voulait dire en fait *La Chercheuse d'esprit* (II, 934, 936). Lorsque Saniette, apeuré, cesse de parler, c'est Brichot qui prend la parole et étale son érudition inutile, qui n'impressionne que ceux qui n'y connaissent rien (II, 933, 956). Marcel, quant à lui, se sent « incapable de feindre l'ombre d'admiration pour le couplet inepte et bigarré de Brichot », couplet littéraire et militariste. S'il trouve que Brichot devrait s'abstenir de parler littérature, il s'intéresse beaucoup en revanche à ses étymologies. Mais le clan Verdurin réagit de toute autre façon, et se moque de Brichot pendant l'énumération de ses étymologies, à propos desquelles le narrateur remarque: « . . . elles étaient entièrement inutilisables pour moi et avaient de plus l'inconvénient de me faire passer pour stupide aux yeux de Mme Verdurin, qui voyait que j'avais 'gobé' Brichot . . . » (II, 949). Les Verdurin ont ce jour là un autre invité, qui lui est un amateur sincère et passionné de Balzac et de Chateaubriand: le baron de Charlus. Dans le petit train allant à La Raspelière, la conversation roule sur Balzac, et Charlus y témoigne une forte sensibilité et une âme d'artiste, même si ses raisons ne sont pas toujours désintéressées (II, 1050-52,

1091). Pour ce qui est littérature, il est pratiquement le seul interlocuteur possible pour Marcel (II, 1108) [35].

C—La littérature et la vie sociale sont également liées au temps dans *Sodome et Gomorrhe*. On apprend que le salon d'Odette est légèrement nationaliste, plus encore littéraire, et encore plus bergottique . . . » (II, 744). Le succès de Bergotte est devenu immense et a rejailli sur le salon d'Odette chez qui l'écrivain est « exhibé » toute la journée (II, 743). Le clan Verdurin a un intérêt beaucoup plus vivant—le dreyfusisme—et Zola, Clemenceau et d'autres personnalités s'y réunissent, alors que les gens du monde les considèrent encore comme des traîtres (II, 747, 885). Par ces brèves indications, le narrateur ébauche déjà le changement subtil et progressif de toute une société. Mme Verdurin, voulant attirer Marcel à La Raspelière, dit que Bergotte y viendra sans doute aussi; ce qui est improbable, vu que les journaux annoncent que la santé de l'écrivain inspire de vives inquiétudes (II, 691). Cette précision nous ramène dans le cadre temporel de l'histoire, et la situe peu avant la mort de Bergotte. Ajoutons également qu'une grande partie du récit de *Sodome et Gomorrhe* se passe pendant qu'Albertine assiste à la représentation de *Phèdre* [36].

D—La dualité réel-imaginaire et ses rapports avec la littérature se retrouvent dans *Sodome et Gomorrhe* sous la même forme que dans *Guermantes*. La mise en abîme qu'on y relevait sur l'hôtel de Guermantes est reprise ici pour Balbec. L'hôtel de Balbec est comparé a un théâtre où « la vie du spectateur se déroulait au milieu des somptuosités de la scène » (II, 773-75). Cette comparaison est poursuivie et développée sur deux pages, et le narrateur y mêle les personnages de *la Recherche* et ceux d'*Esther* et d'*Athalie*. Or l'hôtel de Balbec sert de décor à une grande partie des *Intermittences du cœur*. Il s'agit donc du même procédé—la mise en abîme initiale du lieu de la scène—que dans *Guermantes*. Dans le chapitre trois, le narrateur, indiquant ainsi le potentiel imaginaire de toute réalité, et la difficulté à le découvrir, avoue:

---

[35]Le narrateur a indiqué à plusieurs reprises que ses goûts littéraires différaient complètement de ceux de Bloch ou de la duchesse de Guermantes.

[36]Presque tout le premier chapitre de la deuxième partie (II, 645-732).

> . . . Beaumont, relié tout d'un coup à des endroits dont je le croyais si
> distinct, perdit son mystère et prit sa place dans la région, me faisant
> penser avec terreur que Mme Bovary et la Sanseverina m'eussent peut-
> être semblé des êtres pareils aux autres si je les eusse rencontrées
> ailleurs que dans l'atmosphère close d'un roman. (II, 1005)

Vers la fin du chapitre quatre, Marcel, souffrant à cause d'Albertine,
a pendant un fugitif instant l'idée que le monde intellectuel est la seule
réalité, que son chagrin n'est pas plus vrai que celui provoqué par la lecture
d'un roman, qu'un petit effort pourrait lui faire atteindre le monde réel où il
ne se soucierait pas plus des actions d'Albertine que de celles d'une héroïne
imaginaire de roman (II, 1126). Il appelle donc ici la conscience de l'imaginaire au secours de la réalité et espère plonger la conscience de la réalité
dans l'imaginaire, afin de moins souffrir, et de transformer son chagrin en
objet extérieur.

E—La place de l'œuvre future dans *Sodome et Gomorrhe* s'établit
sur plusieurs plans. Quelques prolepses apparaissent dans le texte, et la
première tout au début, entre la ruse des fleurs et la rencontre de Charlus et
Jupien:

> Mes réflexions avaient suivi une pente que je décrirai plus tard et j'avais
> déjà tiré de la ruse apparente des fleurs une conséquence sur toute une
> partie inconsciente de l'œuvre littéraire, quand je vis M. de Charlus qui
> ressortait de chez la marquise. (II, 603)

Le narrateur indique ainsi la source d'une partie de son œuvre et
annonce qu'il décrira la démarche de sa pensée, démarche qu'il remet à plus
tard. Ce n'est pas la seule fois qu'il agit de la sorte. Expliquant ses jugements incorrects sur les salons, il continue:

> Certes ces causes d'erreur étaient loin d'être les seules, mais je n'ai plus
> le temps, avant mon départ pour Balbec (où, pour mon malheur, je vais
> faire un second séjour qui sera aussi le dernier), de commencer des
> peintures du monde qui trouveront leur place bien plus tard. (II, 742)

On remarque l'ambiguïté de l'expression « avant mon départ pour
Balbec », qui semble indiquer que c'est le narrateur en train d'écrire *la
Recherche* qui n'a pas le temps d'écrire parce qu'il part en voyage, alors

qu'en fait c'est son héros Marcel qui s'en va à Balbec. Il y a donc jeu entre les fils de l'histoire et ceux du récit, et le narrateur semble prendre un certain plaisir à les embrouiller.

D'autres éléments agissent moins en tant que prolepses qu'en tant qu'annonces narratives appartenant à l'histoire. Elles proviennent non du narrateur, mais de ce qu'il fait dire à ses personnages. La duchesse, s'extasiant devant certains noms ridicules de l'aristocratie, dit à Marcel: « vous qui voulez faire un livre, . . . , vous devriez retenir Charleval et du Merlerault. Vous ne trouverez pas mieux » (II, 673-74). Quelques pages plus loin, Marcel la décevra en lui avouant que ce n'est pas pour « prendre des notes » ou « faire une étude » qu'il fréquente les salons qu'elle dédaigne (II, 750). Désir d'honnêteté sans doute de la part de Marcel, cet aveu se révèle pourtant faux, puisque nous savons, d'après ce que le narrateur a déjà annoncé, que les peintures de ces salons ont joué un rôle important dans *la Recherche*.

Quelques rêves et prémonitions de l'œuvre future se trouvent aussi dans *Sodome et Gomorrhe*. Le retour à Balbec a ravivé chez Marcel le souvenir douloureux de la grand-mère. Il s'endort et rêve que, soudain inquiet du sort de sa grand-mère morte, il en demande des nouvelles à son père qui lui dit: « . . . elle demande quelquefois ce que tu es devenu. On lui a même dit que tu allais faire un livre. Elle a paru contente. Elle a essuyé une larme » (II, 761). Le rêve se révélera vrai en partie, puisque Marcel, devenu narrateur, écrira, selon le vœu de sa grand-mère. Quant à Morel, c'est moins par prémonition que pour caser la seule phrase littéraire qu'il connaisse qu'il répète chaque soir à Marcel: « travaillez, devenez illustre . . . » (II, 1033)[37]. Ce conseil, superficiel et indifférent, sera néanmoins suivi par le narrateur après la Matinée Guermantes.

En dehors de ces prolepses, prémonitions et annonces de l'œuvre future, deux faits notables d'un point de vue stylistique sont à relever dans le récit de *Sodome et Gomorrhe*. Le premier est inattendu et ne trouve pas d'écho dans le reste de *la Recherche*: racontant la difficulté qu'il avait eu à retrouver le nom de Mme d'Arpajon alors qu'il était en train de lui parler au cours d'une soirée, le narrateur fait une digression assez longue sur le phénomène de mémoire, qui nous permet de retrouver un mot, un nom momentanément oublié. Tout à coup, il fait parler le lecteur:

---

[37]Cette citation est tirée d'une phrase que Fontanés avait adressée à Chateaubriand, d'après Jacques Nathan, p. 165.

> « Tout ceci, dira le lecteur, ne nous apprend rien sur le manque de com-
> plaisance de cette dame; mais puisque que vous vous y êtes si long-
> temps arrêté, laissez-moi, Monsieur l'auteur, vous faire perdre une
> minute de plus pour vous dire qu'il est fâcheux que, jeune comme vous
> l'étiez (ou comme l'était votre héros s'il n'est pas vous), vous eussiez
> déjà si peu de mémoire, que de ne pouvoir vous rappeler le nom d'une
> dame que vous connaissiez fort bien ». (II, 651)

Le narrateur répond au lecteur et essaie d'élaborer une thèse. Mais
le lecteur l'interrompt de nouveau en demandant des précisions. Le narrateur lui répond et justifie sa thèse. Le lecteur demande alors: « Enfin, Mme
d'Arpajon vous présente-t-elle au prince? », et le narrateur de répliquer:
« Non, mais taisez-vous et laissez-moi reprendre mon récit » (II, 652). Ce
passage est unique dans la Recherche, car c'est la seule fois que le narrateur
prête la parole au lecteur, celui-ci s'exprimant dans un style direct.

Enfin, toujours dans la stylistique du récit, il faut remarquer les deux
contreparties littéraires du tableau du petit port de Carquethuit, où les
éléments marins sont comparés à des éléments ruraux ou montagneux (II,
783, 897).

La Prisonnière:

Le rôle principal de la littérature est ici lié au thème de l'œuvre
future. Il est cependant aussi associé aux autres éléments intervenant dans
la structure narrative.

A—Tout d'abord l'amour: le narrateur nous dit par exemple qu'il
avait l'habitude d'attendre Albertine en feuilletant Elstir, Bergotte ou
Vinteuil, et que l'art intervient pour ranimer la vie quotidienne et son amour
pour Albertine (II, 56)[38]. L'attitude d'Andrée, jalouse des plaisirs que
Marcel tire de la lecture, lui montre qu'elle est agacée par les satisfactions du
jeune homme, et qu'elle pourrait bien être de mèche avec Albertine et donner
à Marcel de faux renseignements sur les activités de son amie (III, 59). Les
angoisses de Marcel sont brutalement réveillées par l'annonce d'une pièce
de théâtre, Les Fourberies de Nérine, dans laquelle Mlle Léa joue le rôle de
Nérine. Or cette dernière est l'amie des deux jeunes filles qu'Albertine avait

---

[38]Ce passage traite également de la dualité réel-imaginaire.

regardées dans la glace du Casino, sans en avoir l'air. Le titre de la pièce correspond à l'attitude d'Albertine, et, fait exprès, Mlle Léa y tient le rôle principal (II, 144). Vers la fin de *La Prisonnière*, Marcel fait appel, à des fins amoureuses, à un stratagème se rapportant à la littérature et très utilisé par Charlus. Pendant sa fausse rupture avec Albertine, il demande à celle-ci de lui renvoyer le livre de Bergotte qui se trouve chez sa tante. Etant arrivé à son but en retenant Albertine, il écrit sur la couverture du manuscrit de Bergotte: « A ma petite Albertine, en souvenir d'un renouvellement de bail » (III, 341, 358). Le livre de Bergotte est donc ici le gardien d'un serment.

De même que dans *Sodome et Gomorrhe,* la littérature est liée à l'homosexualité dans *La Prisonnière.* Par exemple, Brichot et Charlus ne comprennent pas pourquoi « l'homosexualité de coutume—celle des jeunes gens de Platon comme des bergers de Virgile—a disparu . . . » (III, 205-06). Le narrateur parle de l'inverti « qui n'a pu nourrir sa passion qu'avec une littérature écrite pour les hommes à femmes, qui pensait aux hommes en lisant les *Nuits* de Musset », et reprend ainsi le thème déjà abordé dans *Sodome et Gomorrhe*, celui de Charlus s'identifiant aux héroïnes de roman (III, 243). Brichot, au cours d'une conversation avec Charlus sur l'homosexualité, déclare qu'« à notre époque, c'est comme chez les Grecs », mais Charlus, lancé, lui fait remarquer que cela n'a jamais cessé depuis et cite en exemple le nom de Molière parmi ceux d'aristocrates. Brichot s'avoue étonné que Saint-Simon, qui a dévoilé l'homosexualité de Brissac, n'ait rien dit de celle du Grand Condé et du prince Louis de Baden. Charlus cite d'autres personnages du XVIIe siècle dont Saint-Simon a révélé les mœurs. Son interlocuteur éprouve un certain plaisir à parler avec lui et à reconnaître en lui « le fond de la réalité » de la « deuxième églogue de Virgile » (III, 328).

   B—Alors que la littérature tenait une place immense dans la structure narrative de *Jeunes Filles, Guermantes,* et *Sodome et Gomorrhe,* par rapport à la vie sociale, cette place est pratiquement nulle dans *La Prisonnière.* A peine le narrateur nous dit-il que les écrivains s'entourent souvent de personnes médiocres et menteuses, dont la seule beauté « suffit à l'imagination de l'écrivain, exalte sa bonté, mais ne transforme en rien la nature de sa compagne . . . » (III, 216).

C—La littérature est par contre liée à la vie sociale pour marquer le passage du temps. C'est d'une part la mode littéraire qui change et bouleverse peu à peu le paysage social: ainsi le salon Verdurin, profitant du nouveau goût pour l'exotisme, et de l'engouement récent pour les ballets russes, se place au premier rang, et le narrateur constate que le goût du public se détourne « de l'art raisonnable et français d'un Bergotte . . . » (III, 236)[39]. La mode littéraire, nous l'avons vu dans *Sodome et Gomorrhe,* dépend quelque peu du climat politique et le salon Verdurin en a profité. Pendant l'affaire Dreyfus, les écrivains de talent fréquentaient ce salon, mais, à cette époque-là, ils « ne lui furent d'aucun usage mondain parce qu'ils étaient dreyfusards » (III, 236). Le narrateur commente:

> C'est ainsi que, à chaque crise politique, à chaque rénovation artistique, Mme Verdurin avait arraché, petit à petit, comme l'oiseau fait son nid, les bribes successives, provisoirement inutilisables, de ce qui serait un jour son salon. L'Affaire Dreyfus avait passé, Anatole France lui restait. (III, 236)

Au cours d'une conversation avec Charlus sur le pourcentage d'homosexuels, Brichot, abasourdi, déclare que Charlus est « un voyant d'une vérité que personne ne soupçonne autour d'eux », le compare à Barrès découvrant la corruption parlementaire, et à Léon Daudet écrivant « sur la franc-maçonnerie, l'espionnage allemand et la morphinomanie » (III, 298). De telles comparaisons sont autant de références au cadre temporel de l'histoire romanesque par rapport à l'Histoire réelle. D'autres références temporelles sont uniquement intra-diégétiques: l'évolution littéraire d'Albertine par exemple, dont le langage n'est plus celui d'une petite fille, qui n'hésite pas à citer quelques vers d'*Esther,* qui lit beaucoup et qui remercie Marcel de lui avoir ouvert « un monde d'idées » (III, 18, 64).

Le passage sur les sorbets, attribué à Albertine, montre à quel point son intelligence et son style se sont développés. Bien que sa poésie soit moins personnelle que celle de Céleste Albaret, Marcel, par amour, préfère « la géographie pittoresque des sorbets, dont la grâce assez facile me semblait une raison d'aimer Albertine et une preuve que j'avais du pouvoir

---

[39]Les ballets russes paraissent pour la première fois à Paris en mai 1909.

sur elle, qu'elle m'aimait » (III, 131)[40]. C'est dans *La Prisonnière* que Bergotte meurt, et sa mort marque une étape déterminante dans la structure narrative de *la Recherche*. Cette mort fournit l'occasion d'une longue réflexion du narrateur sur l'écrivain, sa maladie, ses docteurs, ses cauchemars, l'amour, la vie sociale, la littérature, l'exposition de Ver Meer, le style littéraire, l'immortalité de l'œuvre et la résurrection de l'écrivain par l'œuvre (III,182-88). Pendant quelque temps, Marcel admirera l'inexactitude des journaux qui annonçaient que Bergotte était mort le jour précédent, ce qui lui semblait impossible puisqu'Albertine disait avoir rencontré l'écrivain ce jour-là (III, 188)[41].

D—La relation entre la littérature et la dualité réel-imaginaire revient à plusieurs reprises, comme dans les textes précédents. Dans *La Prisonnière* cependant, elle s'approfondit et devient le sujet d'une réflexion philosophique. Au début de ce livre, Marcel lisant et projetant ses rêves d'Albertine dans le roman qu'il lit, la fait « échapper ainsi à l'écrasante pression de la matière pour se jouer dans les fluides espaces de la pensée », et ressent « une exaltation momentanée pour elle, la voyant dans le recul de l'imagination et de l'art » (III, 56). Ainsi il illumine la réalité à l'aide de l'imaginaire. C'est un trait qui se retrouve souvent chez lui: par exemple, apercevant de sa voiture une jeune fruitière ou une crémière, il l'imagine « comme une héroïne que son désir suffisait à engager dans des péripéties délicieuses, au seuil d'un roman que je ne connaîtrais pas » (III, 166). Ce trait lui coûte bien des déceptions, quand la réalité se révèle fade de plaisirs; lorsque par exemple, après avoir désiré sortir avec une femme et goûter avec elle, comme le font les personnages de Mémoires ou de roman, il constate:

> Mais j'avais beau appeler à mon secours l'idée que je jouais bien à ce moment-là le personnage que j'avais envié dans le roman, cette idée me persuadait que je devais avoir du plaisir auprès de Rachel, et ne m'en donnait pas. (III, 166)

---

[40]On remarque dans le passage sur les sorbets l'aspect sexuel à peine voilé de certaines métaphores.
[41]C'était en fait Albertine qui mentait sur les raisons de son retard.

Son envie d'être à la place d'un personnage de roman semble parfois vouée à un échec inévitable: par exemple quand il souhaite être un personnage des *Mille et une nuits* pour avoir un génie ou une fille merveilleuse qui puissent lui révéler ce qu'il désire savoir (III, 249). Quelquefois, la réalité devient aussi merveilleuse que l'imaginaire: Marcel reconnaît soudain qu'il est en pleine sonate de Vinteuil au beau milieu du septuor, jamais encore entendu. A partir de ce moment, l'association littérature et dualité réel-imaginaire va prendre une tournure beaucoup plus théorique. Le narrateur indique que « nous retrouvons avec plaisir » dans un chef-d'œuvre nouveau des réflexions que nous avions auparavant méprisées (III, 291). Ainsi l'imaginaire cautionne la réalité. Le narrateur ferait-il ici allusion à *la Recherche* de façon voilée? S'agirait-il d'une prolepse extra-diégétique? Cette hypothèse paraît pouvoir être validée. Vers la fin de *La Prisonnière*, les thèmes de la réalité de l'Art, de la réalité et de l'éternité de l'âme se développent avec une ampleur inattendue et élaborée (III, 373). Le narrateur explore d'abord l'hypothèse selon laquelle l'art serait réel, poursuit sa réflexion en parlant avec Albertine des phrases-types d'écrivains, et les liens étranges existant entre la vie d'écrivains et leurs œuvres, en particulier de Dostoïevsky (III, 375-78, 379-81). Puis il passe à l'hypothèse matérialiste, « celle du néant », et se met à douter de la valeur de certains états d'âme (III, 381). Ce va-et-vient entre les deux hypothèses est repris et illustré par le fait que le narrateur tantôt considère Albertine comme une œuvre d'art, tantôt refuse d'admirer une femme d'une manière artistique, comme le faisait Swann (III, 382-83). Une autre réflexion voilée sur la littérature et la réalité de l'Art apparaît vers la fin de *La Prisonnière*. La veille de la fuite d'Albertine, Marcel récite des vers sur le clair de lune:

> Je lui récitai des vers ou des phrases de prose sur le clair de lune, lui montrant comment d'argenté qu'il était autrefois, il était devenu bleu avec Chateaubriand, avec le Victor Hugo d'*Eviradnus* et de la *Fête chez Thérèse*, pour redevenir jaune et métallique avec Baudelaire et Leconte de Lisle. (III, 407)

Ces représentations subjectives et différentes d'un objet ou d'un lieu sont utilisées par le narrateur de la *Recherche* lui-même, en particulier dans ses descriptions successives de Venise: Venise qu'il a déjà imaginée dans *Swann*, et qu'il imagine encore ici, avant de la décrire à deux reprises dans *La Fugitive*, mais de façon très différente, comme nous le verrons plus tard.

E—L'œuvre future constitue l'élément le plus important du rôle de la littérature dans la structure narrative de *La Prisonnière*. Si on considère la *Recherche* comme un roman policier dont le suspense serait de savoir si le héros écrira ou non, *La Prisonnière* nous fournit une foule d'indices prouvant que l'œuvre est en train de se commettre[42].

Citons d'abord une prolepse qui apparaît lorsque le narrateur commente le style parlé d'Albertine (passage sur les sorbets):

> . . . ces paroles que je n'aurais jamais dites, comme si quelque défense m'était faite par quelqu'un d'inconnu d'utiliser dans la conversation des formes littéraires. Peut-être l'avenir ne devait-il pas être le même pour Albertine et pour moi. J'en eus le pressentiment, en la voyant se hâter d'employer, en parlant, des images si écrites et qui me semblaient réservées pour un autre usage plus sacré et que j'ignorais encore. (III, 129)

Cette phrase annonce en filigrane l'œuvre et l'utilisation des métaphores, et peut-être aussi la mort d'Albertine se « hâtant » de les employer dans sa conversation, comme s'il ne restait que très peu de temps. De nombreuses références à la narration en train de se faire sont à noter: en premier lieu, le narrateur choisit enfin de se baptiser du nom de l'auteur, en utilisant les paroles qu'Albertine lui adresse:

> . . . elle disait « Mon » ou « Mon chéri », suivi l'un ou l'autre de mon nom de baptême, ce qui, en donnant au narrateur le même nom qu'à l'auteur de ce livre, eût fait: « Mon Marcel », « mon chéri Marcel ». (III, 75)

Plus loin, il avoue que pour l'ordre du récit, il a été obligé de réduire son ouvrage à « une minceur menteuse »:

> Oui, j'ai été forcé d'amincir la chose et d'être mensonger, mais ce n'est pas un univers, c'est des millions, presque autant qu'il existe de prunelles et d'intelligences humaines, qui s'éveillent tous les matins. (III, 191)

De plus en plus téméraire, il s'adresse à Swann et lui dit:

---

[42]Malgré les références (déjà observées dans les livres précédents) à la déception et à la souffrance de Marcel de ne rien écrire (III, 78).

> Et pourtant, cher Charles Swann, que j'ai si peu connu quand j'étais
> encore si jeune et vous près du tombeau, c'est déjà parce que celui que
> vous deviez considérer comme un petit imbécile a fait de vous le héros
> d'un de ses romans, qu'on recommence à parler de vous et que peut-être
> vous vivrez. Si dans le tableau de Tissot représentant le balcon du
> Cercle de la rue Royale, où vous êtes entre Gallifet, Edmond de
> Polignac et Saint-Maurice, on parle tant de vous, c'est parce qu'on voit
> qu'il y a quelques traits de vous dans le personnage de Swann. (III, 200)

Le narrateur semble ici s'amuser un peu du lecteur, et, alors même
que plus tard il déclare inutile de chercher les clés de son œuvre, il est en
train de lui en tendre une (III, 846-60).

De nombreuses références du narrateur dans *La Prisonnière* peuvent
s'appliquer à sa propre situation d'écrivain. Par exemple, Marcel continue
à vérifier si son article a été publié dans *le Figaro* (III, 12-13). Il souligne la
difficulté de l'écrivain à être publié, en comparant les mensonges emboîtés
de la petite bande à la solidité d'une maison de presse, où l'auteur ne pourra
jamais savoir s'il est floué (III, 179-80).

On remarque que dans *La Prisonnière,* le narrateur s'adresse directement au lecteur à trois reprises:

> Avant de revenir à la boutique de Jupien, l'auteur tient à dire combien il
> serait contristé que le lecteur s'offusque de peintures si étranges. (III, 46)

Par cette phrase, l'auteur et le narrateur sont identifiés, et les propos
sur l'homosexualité sont excusés. Plus loin, ne se souvenant sans doute
plus s'il a mentionné un fait, ou bien choisissant ce procédé pour le répéter,
il interroge le lecteur:

> « Je ne sais si je vous ai dit combien la duchesse . . . », pourrais-je
> demander au lecteur comme à un ami à qui on ne se rappelle plus, après
> tant d'entretiens, si on a pensé ou trouvé l'occasion de le mettre au
> courant d'une certaine chose. Que je l'aie fait ou non, l'attitude, à ce
> moment-là, de la duchesse de Guermantes. . . . (III, 235)

Et le narrateur enchaîne en commentant le fait déjà exposé dans sa
question au lecteur. Enfin, anticipant une objection du lecteur à une de ses
hypothèses sur ses relations avec Albertine, et la rejetant après l'avoir
expliquée, le narrateur continue:

Mes paroles ne reflétaient donc nullement mes sentiments. Si le lecteur n'en a que l'impression assez faible, c'est qu'étant narrateur je lui expose mes sentiments en même temps que je lui répète mes paroles. (III, 347)

Dans cette phrase, il paraît vouloir maintenant assimiler le narrateur au héros de l'histoire. Ces trois adresses directes au lecteur permettent au narrateur d'unir en une seule personne auteur, narrateur et héros du roman de *la Recherche*.

Les réflexions théoriques sur la littérature, abondantes mais disséminées dans les autres livres de *la Recherche,* ne constituent plus seulement ici des digressions, mais sont directement liées à la narration. Par exemple, le narrateur fait succéder à l'attente du retour d'Albertine et à l'audition de la musique de Vinteuil un long passage sur l'unité rétrospective des œuvres du XIXe siècle (III, 160-61). C'est au cours d'une reprise de la conversation avec Albertine sur le « côté Dostoïevsky de Mme de Sévigné » (Albertine ne l'ayant pas compris la première fois) que se trouve un long texte sur les phrases-types et les techniques narratives des écrivains (III, 375-81). Cependant, le narrateur poursuit son raisonnement littéraire sous forme de dialogue, en l'intégrant complètement à la narration, comme en témoignent les brèves interruptions d'Albertine.

La Prisonnière marque enfin un lien de plus en plus serré entre les trois domaines artistiques étudiés, que ce soit sur le plan thématique, narratif ou structural. Le stade formel des comparaisons artistiques est dépassé, et les passages réflexifs permettent de souligner cette liaison étroite: dans le texte déjà cité sur l'unité rétrospective des œuvres du XIXe siècle, la musique et la littérature sont associées (liaison structurale et thématique III, 160-62). Dans celui sur la mort de Bergotte, ce sont la peinture et la littérature qui sont liées, d'un point de vue à la fois narratif, structural, formel et thématique (III, 182-84). La musique et la littérature sont mises en parallèle dans un texte qui suit l'audition du Septuor (III, 261). Enfin Vinteuil, Elstir, Ver Meer et d'autres artistes sont rapprochés de Dostoïevsky dans le passage sur la réalité de l'Art (III, 375-81).

La Fugitive:

Deux événements liés à la littérature marquent la structure narrative de *La Fugitive:* d'abord la mort de La Berma, événement autour duquel se

greffent les rapports entre littérature, amour et dualité réel-imaginaire. Ensuite la parution de l'article de Marcel dans *le Figaro:* après cet événement,
la littérature est surtout associée à la vie sociale et la dualité réel-imaginaire.

A—On trouve quelques rapports avec le thème de l'amour au début
de *La Fugitive.* Albertine est comparée à Hélène de Troie, puis à Manon, et
Marcel résiste au désir de s'identifier lui-même à Des Grieux (III, 437-38,
452). Lucide, il décide de ne pas confondre, par amour, la réalité qu'il a
vécue et l'imaginaire d'un roman. Apprenant par le journal la mort de La
Berma, il se souvient de ses deux interprétations de *Phèdre,* pense à une
troisième interprétation possible, et met en parallèle le théâtre et les lois de la
vie. Après de nombreuses citations de *Phèdre* permettant des rapproche-
ments avec son propre cas, il dit que *Phèdre* a été « une sorte de prophétie
des épisodes amoureux de [sa] propre existence » (III, 460). A partir de ce
moment narratif, imaginaire romanesque et réalité se mêlent étroitement au
thème de l'amour. Torturé par des soupçons invérifiables puisqu'Albertine
est morte, Marcel pense à sa vie, à sa liaison avec Albertine, et le narrateur
commente:

> Si bien que cette longue plainte de l'âme qui croit vivre enfermée en
> elle-même n'est un monologue qu'en apparence, puisque les échos de la
> réalité la font dévier, et que telle vie est comme un essai de psychologie
> subjective spontanément poursuivi, mais qui fournit à quelque distance
> son « action » au roman, purement réaliste, d'une autre existence, et
> duquel à leur tour les péripéties viennent infléchir la courbe et changer
> la direction de l'essai psychologique. (III, 500)

Plus loin, il se souvient d'avoir considéré la situation amoureuse
d'un roman qu'il lisait et d'avoir décidé de ce qu'il aurait fait en pareille
situation. A présent il reconnaît la bêtise de son jugement trop rapide:

> En le lisant, j'avais trouvé cette situation absurde; j'aurais, moi, me
> disais-je, forcé la femme à parler d'abord, ensuite nous nous serions
> entendus. A quoi bon ces malheurs inutiles? Mais je voyais main-
> tenant que nous ne sommes pas libres de ne pas nous les forger et que
> nous avons beau connaître notre volonté, les autres êtres ne lui
> obéissent pas. (III, 507)

Il se réfère encore au roman pour évoquer la sensation de la mort d'un autre:

> ... il est aussi difficile de remonter à l'idée que cet être a vécu, qu'il est difficile, du souvenir encore tout récent de sa vie, de penser qu'il est assimilable aux images sans consistance, aux souvenirs laissés par les personnages d'un roman qu'on a lu. (III, 508)

Il compare également sa jalousie rétrospective au désir de gloire posthume qu'éprouvent les hommes (III, 520). Cette fusion entre le roman et la réalité par rapport à l'amour dépasse la simple comparaison. Elle rejoint le plan narratif et aide à expliquer rétrospectivement un certain nombre de faits. Le narrateur ne confond plus l'attitude morale et les goûts littéraires, il comprend que l'Albertine vicieuse côtoyait celle qui aimait Saint-Simon (III, 529-30). Un peu plus loin cependant, il se rend compte que ses conversations littéraires avec Albertine devaient peser bien moins pour elle que d'autres plaisirs (III, 345). Ailleurs, l'imaginaire réveille le réel: relisant un roman de Bergotte, sa jalousie en est ravivée, de même que son désenchantement sur la durée de l'amour (III, 541, 594-95). De plus, il constate que même la lecture des journaux n'est pas inoffensive, que les mots seuls peuvent réveiller les souvenirs, et en conclut:

> A partir d'un certain âge, nos souvenirs sont tellement entre-croisés les uns sur les autres que la chose à laquelle on pense, le livre qu'on lit n'a presque plus d'importance. On a mis de soi-même partout, tout est dangereux, et on peut faire d'aussi précieuses découvertes que dans les *Pensées* de Pascal dans une réclame pour un savon. (III, 543)

Ici, phénomène inverse, la réalité a envahi l'imaginaire.

A ce moment de la narration, la fusion entre roman et réalité se déplace et abandonne le thème de l'amour (Albertine ne sera plus qu'une fois comparée à Hippolyte à la fin de *La Fugitive:* III, 644)[43], pour faire place à une réflexion sur les différences, les points communs et les

---

[43]Il est intéressant de noter l'inversion du masculin et du féminin, qu'on peut rapprocher de l'association entre littérature et homosexualité, et qu'on retrouve dans la scène où Charlus, s'adressant à Morel, récite du Musset et lui fredonne: « Oh! ma chérie, c'est dans mon cœur » (III, 597), vers que le narrateur attribue à Armand Sylvestre, mais qui, d'après Jacques Nathan (p. 199), ne sont cités dans aucun de ses onze recueils.

influences réciproques entre la vie réelle et le roman: le narrateur déplore que dans la vie réelle, on ne rencontre jamais le narrateur informé des romans de Stendhal, qui pourrait nous raconter la vie de l'autre (III, 551). Les souvenirs eux, s'infiltrent dans la réalité « Comme ces pages descriptives au milieu desquelles un artiste, pour les rendre plus complètes, introduit une fiction, tout un roman » (III, 560). D'ailleurs, certains romans eux-mêmes sont « des grands deuils momentanés » nous remettant « en contact avec la réalité de la vie, mais pour quelques heures seulement, comme un cauchemar », et la vie l'emporte « sur la suggestion presque hypnotique d'un beau livre, laquelle, comme toutes les suggestions, a des effets très courts » (III, 561).

B, D et E—le deuxième événement littéraire de *La Fugitive*, la parution de l'article de Marcel dans *le Figaro*, permet au narrateur de diriger la narration vers deux pôles: l'auteur et le lecteur d'une part, l'auteur et la vie sociale d'autre part. Le texte qui suit la parution de l'article est une merveilleuse analyse de la double identité de l'auteur-lecteur: ne s'attendant plus à cette publication tardive, Marcel croit tout d'abord qu'il s'agit de quelqu'un d'autre et s'indigne de la similarité du titre. Il se rend enfin compte que c'est de son article qu'il s'agit:

> Ce que je tenais en main, ce n'est pas un certain exemplaire du journal, c'est l'un quelconque des dix mille; ce n'est pas seulement ce qui a été écrit par moi et lu par tous. Pour apprécier le phénomène qui se produit en ce moment dans les autres maisons, il faut que je lise cet article, non en auteur, mais comme un des lecteurs du journal; ce n'était pas seulement ce que j'avais écrit, c'était le symbole de son incarnation dans tant d'esprits. Aussi pour le lire, fallait-il que je cesse un moment d'en être l'auteur, que je fusse l'un quelconque des lecteurs du journal. (III, 568)

Il continue peu après:

> . . . je ne peux pas croire que chaque personne en ouvrant les yeux ne verra pas directement ces images que je vois, croyant que la pensée de l'auteur est directement perçue par le lecteur, tandis que c'est une autre pensée qui se fabrique dans son esprit, . . . ; au moment même où je veux être un lecteur quelconque, mon esprit refait en auteur le travail de ceux qui liront mon article. (III, 569)

L'acuité psychologique de l'analyse du narrateur et la modernité de sa pensée semblent anticiper les nouvelles théories critiques. Parlant des articles en général, il déclare:

> . . . une partie de sa beauté—et c'est la tare originelle de ce genre de littérature, dont ne sont pas exceptés les célèbres *Lundis*—réside dans l'impression qu'elle produit sur ses lecteurs. C'est une Vénus collective, dont on n'a qu'un membre mutilé si on s'en tient à la pensée de l'auteur, car elle ne se réalise complète que dans l'esprit des lecteurs. En eux elle s'achève. (III, 569-70)

Enthousiasmé par le fait d'avoir des lecteurs, et désireux de prendre contact avec des lecteurs concrets, il décide d'aller aussitôt chez les Guermantes pour entendre l'opinion que l'on a de son article. Avant même d'y aller, il commence à entrevoir que le plaisir de recevoir l'attention de ses amis grâce à ses écrits compte beaucoup moins que le plaisir intérieur d'avoir écrit et:

> . . . peut-être écrire m'ôterait l'envie de les voir, et la situation que la littérature m'aurait peut-être faite dans le monde, je n'aurais plus envie d'en jouir, car mon plaisir ne serait plus dans le monde mais dans la littérature. (III, 572)

Malheureusement, lorsqu'il essaie de parler de son article chez les Guermantes, il est obligé de se rendre à l'évidence: ni les Guermantes, ni Gilberte n'ont lu l'article, et si Gilberte promet de le lire sitôt rentrée chez elle, Mme de Guermantes, elle, ne semble guère s'y intéresser (III, 583). M. de Guermantes, par contre, lit l'article sur le champ, mais sa réaction est mitigée, et tout en encourageant Marcel à s'occuper, il regrette ses « métaphores comme dans la prose démodée de Chateaubriand » (III, 589). Gilberte, devenue très mondaine, déclare qu'elle sera très fière de pouvoir désormais dire qu'elle est l'amie d'un auteur. Bloch a une réaction d'envieux. Il n'écrit pas à Marcel, mais plus tard, lorsque lui-même sera publié dans le *Figaro*, il lui dira que son silence était voulu, la publication dans un tel journal représentant plus une humiliation qu'un privilège (III, 590). Le narrateur indique d'autres réactions à son article: celle de Mme Goupil, qui envoie une lettre sans chaleur parce qu'empreinte d'un « conventionnalisme bourgeois », et celle de Sanilon, inconnu de Marcel, et dont la lettre est ainsi caractérisée: « C'était une écriture populaire, un langage charmant. Je fus navré de ne pouvoir découvrir qui m'avait écrit » (III, 590-91). Il semble donc que seul quelqu'un du peuple ait pu manifester à Marcel un enthousiasme qui le touche et le réconforte. Marcel rêve aussi que Bergotte (déjà mort) admire son article, ce qui répond sans doute à la question qu'il se posait inconsciemment (III, 591).

En dehors de ces deux événements où la littérature est liée à l'amour, à la vie sociale, à l'imaginaire et à la réalité, et permet une analyse des relations auteur-lecteur, on n'observe qu'une prolepse se rapportant à l'œuvre future. Retraçant les similitudes entre la vie de Swann et sa propre vie, et en soulignant les différences, le narrateur remarque:

> Car jamais rien ne se répète exactement, et les existences les plus analogues, et que grâce à la parenté des caractères et à la similitude des circonstances, on peut choisir pour les présenter comme symétriques l'une à l'autre, restent en bien des points opposées. Et certes la principale opposition (l'art) n'était pas manifestée encore. (III, 499)

C—Les indications sur le temps narratif sont très limitées dans *La Fugitive*. Le narrateur nous apprend seulement que le golfeur de Balbec est devenu un metteur en scène génial, et qu'après avoir vécu avec Rachel, il a autrefois été amoureux d'Albertine (III, 605, 614, 619, 603, 604); puis il indique qu'à l'époque du voyage à Venise, il travaillait sur Ruskin (III, 645). Les descriptions de Venise ont d'ailleurs une forte dominance picturale, et, mêlant de nouveau le réel et l'imaginaire, Marcel marche dans cette ville comme un personnage des *Mille et une Nuits* (III, 650-51).

La Fugitive se termine par un mariage inattendu dans le monde: celui de Mlle d'Oloron, nièce de Jupien et fille adoptive de Charlus, et du fils Cambremer:

> « C'est la récompense de la vertu. C'est un mariage à la fin d'un roman de Mme Sand », dit ma mère. « C'est le prix du vice, c'est un mariage à la fin d'un roman de Balzac », pensai-je. (III, 658)

La mère de Marcel lui rapporte alors que c'est la princesse de Parme qui « a fait le mariage du petit Cambremer », et que la princesse connaissait Legrandin, pour avoir lu ses œuvres. Charlus, de son côté, avait rencontré

Legrandin en wagon, une nuit (III, 664, 665). Mariage donc favorisé à la fois par la littérature et par le vice[44].

Le Temps retrouvé:

Dans *Le Temps retrouvé* les liens de la littérature avec la structure narrative sont si complexes qu'il faut recourir à des schémas simplistes, mais qui s'efforçent de rendre compte de l'enchevêtrement de tous les fils de l'histoire et du récit.

Le Temps retrouvé peut être découpé en trois phases successives:
—avant la Matinée Guermantes
—dans la cour et le salon d'attente de l'hôtel de Guermantes
—la Matinée Guermantes

1) La première phase, avant la Matinée, peut être elle-même divisée en étapes successives, d'après le schéma suivant. Rappelons qu'il s'agit d'un schéma ne présentant que le rôle de la littérature dans la structure narrative du *Temps retrouvé* (cf. Schéma I). On y note le développement cyclique de la structure narrative: le début et la fin sont consacrés aux regrets de ne pas avoir de dons littéraires. Vers le milieu du texte, quelques lignes sont consacrées au dilettantisme. Or, ce passage comporte deux pastiches littéraires. On assiste donc encore ici au double jeu du narrateur sur sa fonction double de narrateur et de héros.

Avant la Matinée les fils narratifs se nouent, les personnages déjà connus reparaissent dans une lumière différente, et les transformations s'effectuent en relation avec la littérature (le golfeur, Morel, Brichot). Le passage du temps n'est pas seulement indiqué par les personnages de l'histoire, mais aussi par des indications sur le cadre temporel: c'est la période de la guerre, et les changements de goûts et d'opinions littéraires rendent compte d'un aspect de l'influence de la guerre sur la vie sociale.

On remarque que, pour la première fois dans *la Recherche,* le narrateur cite deux dates réelles à attribuer au temps de l'histoire: 1916 et 1914 (ici le temps du récit semble rejoindre le temps de l'histoire, puisque c'est après la Matinée Guermantes que Marcel-narrateur se mettra enfin au travail). Vers la fin du passage, on note l'importance du lien entre roman et

---

[44]Le narrateur nous apprend que le jeune Cambremer continuera à fréquenter les écrivains et la bourgeoisie intelligente.

réalité et (faisant pendant à la citation d'une date « vraie ») la citation d'un
nom « vrai », celui des Larivière[45]; ce fait permet de rapprocher ici aussi
histoire et récit. Enfin, la transition narrative avec la deuxième phase du
Temps retrouvé est amenée très logiquement. Puisque Marcel ne sera
jamais écrivain, pourquoi renoncerait-il au monde? C'est ainsi qu'il décide
de se rendre chez les Guermantes (voir Schéma I).

　　2) La deuxième phase se déroule juste avant que Marcel ne pénètre
dans le salon où a lieu la Matinée Guermantes. Il est d'abord dans la cour
de l'hôtel, puis dans le salon d'attente. Ce passage, qui occupe cinquante-
cinq pages du texte correspond à une durée de l'histoire d'une heure au
maximum. Cependant, cette heure-là est déterminante, puisqu'en dépend la
décision de l'œuvre. Il s'agit d'un passage à dominance théorique, et, pour
l'étudier plus clairement, on utilisera encore un schéma, mettant en valeur le
rôle de la littérature dans la structure narrative (voir Schéma II).
　　Ce deuxième schéma souligne aussi un développement cyclique,
mais il est double. Le premier développement cyclique subit un renversement: de sa conscience de ne jamais devenir écrivain (au début du passage),
Marcel passe à la décision de l'œuvre (à la fin). Ce développement cyclique
renversé en encadre un autre—les réminiscences: au début, celles de Marcel,
et à la fin, celles de trois grands écrivains. Les premières réminiscences
entraînent la décision de l'œuvre, et les secondes semblent confirmer cette
décision. Le long passage théorique vers le milieu de ce texte rappelle de
temps en temps la décision prise et indique les éléments sur la genèse de
l'œuvre, son élaboration, sa matière, sa source. Enfin la transition narrative
vers le passage suivant est faite par l'annonce d'un coup de théâtre (III,
920). Ce coup de théâtre est utile pour créer à la fois un certain suspense
chez le lecteur, et un rebondissement dans l'histoire: une fois la décision
enfin prise, elle est aussitôt menacée. Le mot « coup de théâtre » annonce
ensuite la scène étrange qui va se présenter à Marcel, qui ne reconnaît pas
les invités, et les croit déguisés[46].

---

[45]C'est le seul nom réel de *la Recherche* d'après le narrateur.

[46]On note dans ce passage une prolepse inexplicable. Parlant du passé et de la nature qui
fait « miroiter une sensation », le narrateur en énumère quelques-unes qui viennent de se
produire: « bruit de la fourchette et du marteau, même titre de livre, etc. » (III, 872). Or,
il se trouve qu'il ne verra le livre que beaucoup plus tard (III, 883). Le narrateur, en
anticipant ce fait, se situe ici uniquement dans le temps du récit, alors que nous avions cru

3) La Matinée Guermantes s'ouvre comme sur un lever de rideau, puisque Marcel a l'impression de se trouver devant des acteurs, et ressent:

> ... cette hésitation que les grands acteurs paraissant dans un rôle où ils sont différents d'eux-mêmes, donnent, en entrant sur scène, au public qui, même averti par le programme, reste un instant ébahi avant d'éclater en applaudissements. (III, 921)

Les comparaisons théâtrales et romanesques abondent, et font doucement découvrir à Marcel le temps passé (III, 920-30). Cette troisième phase du *Temps retrouvé* est aussi étudiée sous forme de schéma, afin de mieux rendre compte du rôle de la littérature dans la structure narrative (voir Schéma III).

Après le lever de rideau sur la Matinée Guermantes, Marcel fait la découverte du temps. Tous les éléments du schéma y sont liés, et en montrent un certain aspect, mais ils peuvent être répartis en différents groupes: la vie sociale, le roman et la vie, et l'œuvre future.

On remarque ici encore un procédé de développement cyclique: au début du passage, Marcel découvre le temps destructeur et à la fin, il prend conscience des liens du temps et de l'œuvre. On peut également observer la technique de reprise: par exemple, les comparaisons entre la duchesse et Bergotte, s'ouvrant sur celles des femmes du monde et des écrivains. Enfin, quelques renversements de situations sont à signaler: la récitation de Rachel produit un effet très différent de celui qu'on trouvait dans *Jeunes Filles* (I, 784-85). La duchesse de Guermantes qui autrefois en disait du mal, est maintenant en grande conversation avec l'actrice. Ce renversement en entraîne deux autres: le déclassement de la duchesse, dû à sa fréquentation des artistes, et le succès mondain de Rachel au détriment de La Berma, qui passe sa soirée seule, et que même sa fille et son gendre abandonnent pour aller voir Rachel chez les Guermantes. Enfin, les attitudes d'Odette et de la duchesse sont inverses: la première, croyant Marcel écrivain, alors qu'il ne l'est pas encore, lui raconte ses amours, pensant ainsi l'aider, et lui fournir des histoires, alors qu'en fait c'est de ces amours qu'il va tirer les lois de la vie insérées dans son œuvre. La deuxième trouve par contre que la seule excuse de Marcel pour assister à des réceptions telles que celles-ci,

---

être dans le temps de l'histoire, Marcel étant celui qui élaborait toutes ces réflexions. Notons aussi qu'il était d'abord question du bruit d'une cuiller (III, 868).

c'est que ce soit dans le but de « faire des études » (ce qu'elle avait déjà dit dans *Sodome et Gomorrhe*)[47].

En étudiant de nouveau dans leur ensemble ces trois parties, on remarque que la progression narrative y est fortement déterminée par l'œuvre future et par les réflexions du narrateur sur la littérature: la première étape est celle où Marcel, désespéré par la littérature, décide d'aller dans le monde, la deuxième est celle, où une fois dans le monde, il décide de faire son œuvre. Dans la troisième, il décide de renoncer au monde pour ne pas perdre le temps d'écrire[48].

---

[47]Etudes dont elle doute, par ailleurs.
[48]On remarque une contradiction du narrateur avec ce qu'il avait dit dans *La Prisonnière* sur l'immortalité de l'œuvre d'art. Ici il dit en note: « La durée éternelle n'est pas plus promise aux œuvres qu'aux hommes » (III, 1043).

Schéma I

L'ŒUVRE FUTURE

TEMPS

Littérature et Guerre — Renversements — pastiches

Roman et Réalité

Sentiment plus vif de Marcel de son incapacité à écrire (III, 691) — A Tanson-ville, chez Gilberte

Lecture des Goncourt par Marcel; pastiche des Goncourt par le narrateur (III, 708-17)

Pouvoir d'évocation de la littérature (III, 717-23)

Réflexions sur la littérature par le narrateur (III, 717-23) — lieu indé-terminé

Années dans une maison de santé, jusqu'en 1916 (III, 723)

Renversement de situations: le golfeur de Balbec, réformé et étoile du salon Verdurin. Le narrateur y pense constamment, mais non plus comme à celui qui avait provoqué le départ d'Albertine, mais comme à l'auteur d'une œuvre admirable (III, 730-31). Le golfeur a d'ailleurs épousé Andrée, qui pourtant se répandait en propos diffamatoires à son sujet dans F (III, 604, 731) — Paris: le salon Verdurin

Littérature, Guerre et Homosexualité: pastiche de la pudeur virile par le narrateur et réaction du lecteur imaginaire (III, 744-45)

Littérature et Guerre: les styles de poèmes sur la guerre, le style de Saint-Loup (III, 754) — Paris

Comparaison d'un général à un écrivain (III, 760)
Charlus: la guerre n'a pas changé ses goûts littéraires, contrairement à Cottard, Brichot, ou aux Cambremer (III, 778-79) — Paris

Renversement de situation: Brichot fait des comptes rendus de romans parus chez les neutres, et son style est ouvertement moqué dans le salon Verdurin (III, 778, 790-91) — Paris

Charlus dit que Marcel et lui-même ont été coupables de dilettantisme et qu'ils doivent se le reprocher (III, 808). Mais le narrateur trouve qu'il n'est pas dilettante, bien que par ailleurs il admette que Charlus l'est (III, 831) — Paris

Littérature et Guerre: Charlus parle d'écrivains contemporains nationalistes, Barrès et Maurras (III, 796-97, 816). Peu à peu les opinions artistiques deviennent moins antigermaniques, à condition que celui qui les exprime puisse "présenter un brevet de civisme" (III, 837) — Paris

-la réalité rejoint l'imaginaire: le meurtre de Raspoutine semble appartenir à un roman de Dostoïevsky (III, 777)
-Charlus a les mêmes goûts dans la vie que dans le théâtre: tragédie classique ou grosse farce (III, 83)
-Paris ressemble à l'Orient des *Mille et Une Nuits* (III, 809), comme Venise dans F
-Le narrateur répète que c'est sa croyance en Bergotte qui lui a fait aimer Gilberte, et celle en Gilbert le Mauvais qui lui a fait aimer Mme de Guermantes (III, 839)

L'œuvre en cours: un seul nom authentique, Larivière (III, 846) — lieu indé-terminé

(Nouvelle maison de santé) — Retour à Paris

Regrets de ne pas avoir de dons littéraires (III, 855). Histoire de ces regrets, et épisode du chemin de fer — Paris

Décision d'aller à la Matinée Guermantes: puisque le "travail" ne sera jamais accompli, Marcel pense qu'il n'y a plus aucune raison de renoncer à la vie d'homme du monde (III, 856)

Schéma III

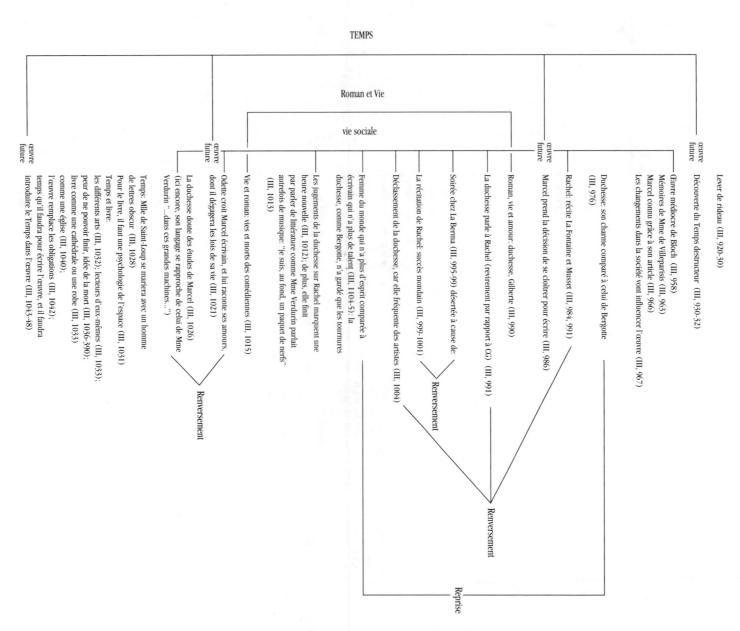

TEMPS

Lever de rideau (III, 920-30)

œuvre future — Découverte du Temps destructeur (III, 930-32)

Œuvre médiocre de Bloch (III, 958)
Mémoires de Mme de Villeparisis (III, 963)
Marcel connu grâce à son article (III, 966)
Les changements dans la société vont influencer l'œuvre (III, 967)

Duchesse: son charme comparé à celui de Bergotte (III, 976)

Rachel: récite La Fontaine et Musset (III, 984, 991)

Marcel prend la décision de se cloîtrer pour écrire (III, 986) — Renversement

Roman et Vie

œuvre future

La duchesse parle à Rachel (revirement par rapport à CG) (III, 991)

Roman, vie et amour: duchesse, Gilberte (III, 990)

Soirée chez La Berma (III, 995-99) désertée à cause de:

La récitation de Rachel: succès mondain (III, 999-1001) — Renversement

Déclassement de la duchesse, car elle fréquente des artistes (III, 1004)

vie sociale

Femme du monde qui n'a plus d'esprit comparée à écrivain qui n'a plus de talent (III, 1104-5): la duchesse, comme Bergotte, n'a gardé que les tournures

Les jugements de la duchesse sur Rachel marquent une heure nouvelle (III, 1012); de plus, elle finit par parler de littérature comme Mme Verdurin parlait autrefois de musique: "je suis, au fond, un paquet de nerfs" (III, 1013)

Vie et roman: vies et morts des comédiennes (III, 1015)

Odette croit Marcel écrivain, et lui raconte ses amours, dont il dégagera les lois de sa vie (III, 1021)

La duchesse doute des études de Marcel (III, 1026) (ici encore, son langage se rapproche de celui de Mme Verdurin "...dans ces grandes machines...") — Renversement

œuvre future

Temps: Mlle de Saint-Loup se mariera avec un homme de lettres obscur (III, 1028)
Pour le livre, il faut une psychologie de l'espace (III, 1031)
Temps et livre:
les différents arts (III, 1032); lecteurs d'eux-mêmes (III, 1033);
peur de ne pouvoir finir, idée de la mort (III, 1036-390);
livre comme une cathédrale ou une robe (III, 1033)
comme une église (III, 1040);
l'œuvre remplace les obligations (III, 1042);
temps qu'il faudra pour écrire l'œuvre, et il faudra introduire le Temps dans l'œuvre (III, 1043-48)

Renversement

Reprise

Schéma II

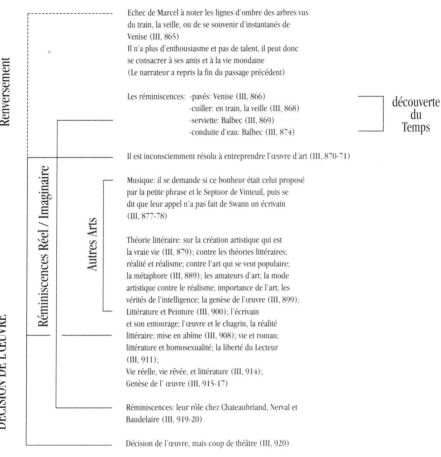

Renversement

DECISION DE L'ŒUVRE

Réminiscences Réel / Imaginaire

Autres Arts

Echec de Marcel à noter les lignes d'ombre des arbres vus du train, la veille, ou de se souvenir d'instantanés de Venise (III, 865)
Il n'a plus d'enthousiasme et pas de talent, il peut donc se consacrer à ses amis et à la vie mondaine
(Le narrateur a repris la fin du passage précédent)

Les réminiscences: -pavés: Venise (III, 866)
                      -cuiller: en train, la veille (III, 868)
                      -serviette: Balbec (III, 869)
                      -conduite d'eau: Balbec (III, 874)

découverte du Temps

Il est inconsciemment résolu à entreprendre l'œuvre d'art (III, 870-71)

Musique: il se demande si ce bonheur était celui proposé par la petite phrase et le Septuor de Vinteuil, puis se dit que leur appel n'a pas fait de Swann un écrivain (III, 877-78)

Théorie littéraire: sur la création artistique qui est la vraie vie (III, 879); contre les théories littéraires; réalité et réalisme; contre l'art qui se veut populaire; la métaphore (III, 889); les amateurs d'art; la mode artistique contre le réalisme; importance de l'art; les vérités de l'intelligence; la genèse de l'œuvre (III, 899); Littérature et Peinture (III, 900); l'écrivain et son entourage; l'œuvre et le chagrin, la réalité littéraire; mise en abîme (III, 908); vie et roman; littérature et homosexualité; la liberté du Lecteur (III, 911);
Vie réelle, vie rêvée, et littérature (III, 914); Genèse de l'œuvre (III, 915-17)

Réminiscences: leur rôle chez Chateaubriand, Nerval et Baudelaire (III, 919-20)

Décision de l'œuvre, mais coup de théâtre (III, 920)

Bibliographie

Abraham, Pierre. *Proust: Recherches sur la création intellectuelle.* Paris: Les Editeurs Français Réunis, 1971.

Alden, Douglas William. *Marcel Proust and His French Critics.* Los Angeles: Lymanhouse, 1940.

Auerbach, Erich. Mimesis: The Representation of Reality in Western Literature. Princeton: Princeton University Press, 1953.

Bardèche, Maurice. *Marcel Proust, romancier.* Paris: Les Sept Couleurs, 1971.

Barthes, Roland. *Le Degré Zéro de l'Ecriture, suivi d'Eléments de Sémiologie.* Paris: Editions Gonthier, 1965.

————. *Image, Music, Text.* New York: Hill and Wang, 1977.

Bally, Charles. *Traité de Stylistique française.* 2 vols. Heidelberg: Carl Winter's Universitätsbuchhandlung.

Bergson, Henri. *Essais sur les Données Immédiates de la Conscience.* Paris: P.U.F., 1927.

Bersani, Jacques. *Les Critiques de notre temps et Proust.* Paris: Eds. Garnier Frères, 1971.

Bersani, Leo. *Marcel Proust: The Fictions of Life and of Art.* Oxford: Oxford University Press, 1965.

Bonnet, Henri. *Marcel Proust de 1907 a 1914* (avec une bibliographie générale). Paris: A.G. Nizet, 1971.

————. *Marcel Proust de 1907 à 1914: bibliographie complémentaire (II). Index général des bibliographies* (I et II) *et une étude: Du côté de chez Swann.* Paris: A.G. Nizet, 1976.

Bourlier, Kay. *Marcel Proust et l'architecture.* Montréal: Presses de l'Université de Montréal, 1980.

Brée, Germaine. *Du temps perdu au temps retrouvé.* Paris: Les Belles Lettres, 1950.

Brunet, Etienne. *Le Vocabulaire de Marcel Proust.* 3 vols. Paris: Champion-Slatkine, 1986.

Brunot, Ferdinand. *La Pensée et la Langue.* Paris: Masson et Cie, éditeurs, 1922.

Bucknall, Barbara J. *The Religion of Art in Proust.* Chicago: University of Illinois Press, 1969.

Butor, Michel. *Les Œuvres d'Art imaginaires chez Proust.* London: The Athlone Press, University of London, 1964.

————. *Les Mots dans la Peinture.* Genève: Albert Skira éditeur, 1969.

Cattaui, Georges. *Marcel Proust: Proust et son Temps. Proust et le Temps.* Paris: René Julliard, 1952.

Cazeaux, Jacques. *L'Ecriture de Proust ou l'Art du Vitrail*, dans *Les Cahiers Marcel Proust* n° 4. Paris: Gallimard, 1971.

Celly, Raoul. *Répertoire des thèmes de Marcel Proust*. Paris: Gallimard, 1935.

Chernowitz, Maurice. *Proust and Painting*. New York: International University Press, 1945.

Deleuze, Gilles. *Proust et les Signes*. Paris: Perspectives Critiques, P.U.F., 1964.

Derrida, Jacques. *La Vérité en Peinture*. Paris: Flammarion, 1978.

Doubrovsky, Serge. *La Place de la madeleine*. Paris: Mercure de France, 1974.

Erickson, John D. et Irène Pages, eds. *Proust et le texte producteur*. Guelph, Ontario: University of Guelph, 1980.

Fisor, Emeric. *L'Esthétique de Marcel Proust*. Paris: Alexis Redier, éditeur, 1933.

Fosca, François. *De Diderot à Valéry: les écrivains et les arts visuels*. Paris: Editions Albin Michel, 1960.

Fowlie, Wallace. *A Reading of Proust*. 1964; rpt. Gloucester, Mass.: Peter Smitch, 1969.

Genette, Gérard. *Figures*. Paris: Editions du Seuil, 1966.

———. *Figures II*. Paris: Editions du Seuil, 1969.

———. *Figures III*. Paris: Editions du Seuil, 1972.

Graham, Victor Ernest. *Bibliographie des études sur Marcel Poust et son œuvre*. Genève: Droz, 1976.

Greimas, A. J. *Sémantique Structurale*. Paris: Larousse, 1966.

———, et al. Signe, Langage, Culture. The Hague: Mouton Printers, 1970.

Hassin, Juliette. *Essais sur Proust et Baudelaire*. Paris: A.G. Nizet, 1979.

Hatzfeld, Helmut. *Literature through Art*. New York: Oxford University Press, 1952.

Henry, Anne. *Marcel Proust: théories pour une Esthétique*. Paris: Klincksieck, 1981.

———. *Marcel Proust romancier. Le Tombeau égyptien*. Paris: Flammarion, 1983.

Hier, Florence. *La musique dans l'œuvre de Marcel Proust*. New York: Columbia University, 1933.

Kadi, Simone. *La Peinture chez Proust et Baudelaire*. Paris: La Pensée Universelle, 1973.

———. *Proust et Baudelaire: influences et affinités électives*. Paris: La Pensée Universelle, 1975.

Matoré, Georges et Irène Mecz. *Musique et Structure romanesque dans « A la Recherche du Temps Perdu »*. Paris: Klincksieck, 1972.

Miguet-Ollagnier, Marie. *La Mythologie de Marcel Proust*. Annales Littéraires de l'Université de Besançon: Les Belles Lettres, 1982.

Milly, Jean. *Les Pastiches de Proust*. Paris: A. Colin, 1970

———. *Proust et le Style*. Paris: Minard, 1970.

———. *La Phrase de Proust: des phrases de Bergotte aux phrases de Vinteuil*. Paris: Larousse Université, 1975 (rééd. Champion, 1983).

———. *Proust dans le texte et l'avant-texte*. Paris: Flammarion, 1985.

————. *La Longueur des phrases dans « Combray »*. Paris: Champion-Slatkine, 1986.

Monnin-Hornung, Juliette. *Proust et la peinture*. Genève: Droz, 1951.

Mouton, Jean. *Le Style de Marcel Proust*. Paris: A.G. Nizet, 1968.

Nathan, Jacques. *Citations, Références et Allusions de Marcel Proust*, dans « A la recherche du Temps Perdu ». Paris: A.G. Nizet, 1969.

Nattiez, Jean-Jacques. *Proust musicien*. Paris: Bourgois, 1984.

Newman, Pauline. *Dictionnaire des idées dans l'œuvre de Marcel Proust*. La Haye: Mouton, 1968.

Picon, Gaëtan. *Lecture de Marcel Proust*. Paris: Gallimard, 1968.

Piroué, Georges. *Proust et la Musique du Devenir*. Paris: Editions Denoël, 1960.

Poulet, Georges. *L'Espace proustien*. Paris: Gallimard, 1963.

Proust, Marcel. *A la recherche du temps perdu*. 3 vols. Paris: Gallimard (La Pléiade), 1954.

————. *A la recherche du temps perdu*. 4 vols. Paris: Gallimard (La Pléiade), 1987-1989.

————. *A la recherche du temps perdu*. 10 vols. Paris: Garnier-Flammarion, 1984-1987.

Richard, Jean-Pierre. *Proust et le Monde sensible*. Paris: Editions du Seuil, 1974.

Rivers, Julius Edwin. *Proust and the Art of Love: The Aesthetics of Sexuality in the Life, Times and Art of Marcel Proust*. New York: Columbia University Press, 1980.

Robin, Chantal: *L'Imaginaire du « Temps Retrouvé »: hermétisme et écriture chez Proust*. Paris: Lettres Modernes, 1977.

Rogers, Brian G. *Proust's Narrative Techniques*. Genève: Librairie Droz, 1965.

Shattuck, Roger. *Proust's Binoculars: A Study of Memory, Time and Recognition in « A la Recherche du Temps Perdu »*. New York: Random House, 1963.

Slater, Maya. *Humor in the Works of Proust*. Oxford: Oxford University Press, 1979.

Stambolian, George. *Marcel Proust and the Creative Encounter*. Chicago: The University of Chicago Press, 1972.

Steel, Gareth H. *Chronology and Time in « A la Recherche du Temps Perdu »*. Genève: Droz, 1979.

Swahn, Sigbrit. *Proust dans la Recherche Littéraire: Problèmes, méthodes, approches, nouvelles*. Berlings: Etudes Romanes de Lund, 1979.

Tadié, Jean-Yves. *Proust et le Roman*. Paris: Idées, Gallimard, 1971.

Van de Ghinste, J. *Rapports humains et communication dans « A la Recherche du Temps Perdu »*. Paris: A.G. Nizet, 1975.

Vogely, Maxine. *A Proust Dictionary*. Troy: Whiston Publishing Company, 1981.

Winston, Alison. *Proust's Additions: The Making of « A la Recherche du Temps Perdu »*. Cambridge: Cambridge University Press, 1977.